¿CÓMO DESARROLLAR LA

ALTA

COMPETENCIA?

¿CÓMO DESARROLLAR LA ALTA COMPETENCIA?

¿Cómo desarrollar la alta competencia?
Primera edición: octubre de 2019

Ilene Daza
Registro de Propiedad Intelectual
N° A-309162

CHAN! Editores, 2019
Av. Providencia 1100, of.405. Torre C
Providencia
Santiago de Chile
(56) 22 791 9096
www.agenciachan.com

Dirección de Arte: Agencia CHAN!
Edición: Jessica R. Cámara
Diseño y diagramación: Claudio Zamorano

ISBN: 978-956-9860-15-7

CONTENIDO

¿CÓMO DESARROLLAR LA ALTA COMPETENCIA?

Dedicatoria

A él, mi padre, mi profeta en la tierra.

A ella, mi madre, mi ejemplo de vida.

Prólogo

Hace siete años tuve el gusto de conocer a Ilene Daza en una certificación de Coaching. Desde el principio me impactó su manera de enfrentar cada uno de los retos que la vida le planteaba, fueran personales o profesionales. En cada situación mostraba una "casta" muy especial. Nunca escuché un "no puedo", ni tan siquiera un "no sé si lo lograré". Poco a poco fui conociéndola mejor, primero como alumna y luego como colega y aliada en diversos proyectos.

Muy pronto me di cuenta que simplemente reflejaba su particular filosofía de vida en todo lo que hacía. En su credo personal no existe la palabra mediocridad. Se entrega totalmente y con verdadera excelencia, tanto en su trabajo, ya sea como Coach o como capacitadora, así como en su vida personal, como leal amiga de quien la necesita y como excelente madre de un talentoso jovencito que intuyo tarde que temprano seguirá sus pasos. De la misma manera enfrenta los diversos avatares con los que la vida siempre nos sorprende cuando menos lo esperamos.

Sin embargo, siempre me intrigó por qué había un rubro pendiente en el cual aparentemente no lograba plasmar esa mentalidad tan exitosa. Un rubro en el cual parecía que por fin habría una montaña cuya cima no podría escalar. Muy en el fondo, sabía que solo era cuestión de tiempo. En algún momento la verdadera Ilene resurgiría en medio de la bruma y alcanzaría esa cima, por difícil y agreste que fuera el camino. Y nos sorprendería a todos.

No me equivoqué. Sabía que así sería. Este libro, amigo lector, era ese gran pendiente que Ilene tenía con todos los que la apreciamos y la admiramos. Su contenido es un fiel reflejo, detallado y conciso, profundo y práctico, de esa filosofía ganadora que Ilene no solo pregona en sus cursos, sino que vive en cada uno de sus actos. En él encontrarás muchos consejos, con su debido fundamento teórico, de cómo alcanzar un estado de alta competencia.

ILENE DAZA

También encontrarás historias muy amenas sobre la manera como grandes personajes llegaron a la excelencia. Pero este libro es más que eso, es el ejemplo vivo de cómo alguien, aplicando las técnicas que predica, logra vencer sus propias y aparentes creencias limitantes sobre su propio potencial , y llega a ese estado de alta competencia dándole alas a su alma de escritora y demostrando que nada es imposible cuando nos conectamos con nuestro verdadero potencial y lo encauzamos con el corazón por delante para beneficio de los demás.

Este libro es un final y un inicio al mismo tiempo. En el momento de su publicación cierra ese pendiente que Ilene la escritora tenía con ella misma y abre para todos sus lectores un mundo lleno de posibilidades. Léelo detenidamente, disfrútalo, ponlo en práctica y deja que tu corazón y tu potencial te lleven lo más lejos posible.

Ricardo Escobar Borrero

México D.F.

Septiembre del 2019

Agradecimientos

Gratitud: correspondencia a quienes nos han dado tanto.

Agradezco a Dios su luz y guía en cada etapa de este proyecto. A mis padres y hermana por su amor incondicional y confianza infinita. A Jerónimo, mi pedacito de cielo aquí en la tierra y regulador emocional. A mi familia por su cariño, apoyo y acompañamiento. Especialmente a mi abuelo Rafael, a mi tío Franco, a quienes les debo mi pasión por la escritura.

A mis coaches y mentores Ricardo Escobar, Paul Anwandter, Jhon Grinder, Ignacio Bernabé y Marcelo Dos Santos; quienes desde sus diferentes disciplinas y áreas de genialidad, me han aportado momentos insuperables de reflexión y aprendizaje.

A mis colegas y amigas Yijhan Geovo, Luz Alba Cañón, Ana Eguilior por ser grandes referentes desde sus talentos naturales.

A mis amigas Marta, Liliana y Linda, por esos momentos inolvidables de risa, filosofía y vino.

Al equipo de trabajo CHAN! Editores, a Sara Zajai y a Vanessa Zabala quienes captaron mis ideas y estilo con maestría desde el primer momento.

Y especialmente, a mis clientes y alumnos que han sido la fuente de inspiración.

Querido lector,

Te escribo estas líneas para trasmitirte lo que me impulsó a hacer este libro.

Algunas veces no logramos lo que queremos o nos demoramos mucho en lograrlo por todos estos programas limitantes que tenemos y que vamos reafirmando en situaciones que nos ocurren al responder con esos mismos patrones saboteadores. En verdad somos seres completos y venimos dotados con recursos internos ilimitados, que con trabajo y dedicación podremos verlos en acción.

En este ejercicio (leer el libro) te propongo que observes y distingas que son varias las dimensiones que te llevan a un fortalecimiento integral. El objetivo principal es que todo, todo lo planteado, lo implementes. Esto significa que sin acción no hay interrelacion con el conocimiento y sin esta interrelacion, el conocimiento no puede tener un valor práctico.

La alta competencia es acceder a esa zona de genialidad que todos tenemos en alguna o algunas áreas de nuestra vida, y este libro es una clara apuesta a que puedas desarrollar no una de tus altas competencias sino muchas.

Te dejo en compañía de estas letras donde encontrarás investigaciones, teorías y herramientas que, por experiencia propia y de mis clientes, serán fuente de inspiración, concreción, seguridad y determinación para tu vida.

Que lo disfrutes y algo clave:

No dejes de hacer lo que hay que hacer para encontrar lo que estás buscando.

Con amor,

Ilene

Introducción

La genialidad requiere constancia

¿Por qué algunas personas son tan increíblemente buenas en lo que hacen?

En diferentes disciplinas (ciencias, deportes, música, negocios) existen personas excepcionales que, con lo que hacen nos demuestran rasgos de genialidad. Cuando nos encontramos cara a cara con esas personas y observamos su desempeño, lo que pensamos es: *«definitivamente esta persona tiene una gran talento y un don único».*

Al mismo tiempo, cabe la pregunta: *¿realmente es así?, ¿sólo unas pocas personas poseen ese talento y don único?*

Anders Ericsson, investigador, profesor de psicología y reconocido experto en el desarrollo de habilidades ha observado, entrevistado y sometido a distintas pruebas a personas con una capacidad excepcional. Las ha estudiado durante más de 30 años y ha concluido que, definitivamente, sí tienen un don extraordinario que constituye el núcleo de sus capacidades; de igual manera aclara que el verdadero don es la capacidad de desarrollar su talento y convertirlo en una alta competencia y en genialidad.

Para Ericsson, el talento no es una propiedad innata sino aprendida. Por eso, cuando analizamos el talento y la alta competencia la primera reflexión es que la genialidad requerie constancia. Porque, en buena parte, la genialidad es precisamente la capacidad de esforzarse. Por ejemplo, cuando le preguntaron a Newton cómo desarrollaba sus teorías, respondió: *«pensando en ello de día y de noche».*

Como resultado de sus investigaciones, Ericsson asegura que la maestría se alcanza con la práctica, y no con cualquier tipo de práctica sino con un entrenamiento deliberado en eso que uno quiere convertir en una genialidad, ya sea a través de un entrenador o de manera individual.

El talento, la experticia y la maestría en un área determinada se demuestran en la acción. Tales habilidades y su continuo desarrollo se construyen sobre varios pilares hasta convertirlas en alto rendimiento, alto desempeño y alta competencia.

Este libro resume 4 dimensiones que aportarán herramientas sumamente efectivas para desarrollar la alta competencia y que abordaremos desde la perspectiva de: *pensamiento • lingüística • emoción • acción*.

Para ello, se desarrollarán en los capítulos subsiguientes conceptos claves de manera clara, y sobre todo, se propondrán ejercicios prácticos que te permitirán alcanzar la maestría, la experticia y la zona de genialidad. Como consecuencia, la alta competencia de cualquier talento que quieras potenciar.

Capítulo I
Trabaja en tu mentalidad

1. Las creencias: el poderoso filtro de nuestra realidad

Las creencias son un conjunto de ideas que consideramos verdaderas aunque no necesariamente poseen un origen racional. Expresan una visión positiva o negativa acerca de la realidad global o parcial; externa o subjetiva del ser. Son nociones preexistentes de la realidad que funcionan como filtro y dan significado a lo observado.

Las creencias tienen la peculiaridad de dar significado y coherencia a todos los eventos externos o internos. Esta característica hace que pocas veces los seres humanos experimentemos la realidad tal cual es. De esta forma, la experiencia de vida de los seres humanos se limita a una elaboración mental o representación de la realidad basada en las creencias preexistentes.

Las creencias se forman a partir de eventos especiales, de las llamadas *experiencias tempranas* y de la relación con las personas significativas para cada uno de nosotros.

Nuestra carga genética, la relación padre-hijo, madre-hijo, la primera infancia, los educadores influyen en nuestra creencia de forma considerable. También, interviene la información que recibimos de las personas cercanas –con o sin influencia–, los medios de comunicación, los amigos... Prácticamente, todo lo que nos han dicho y enseñado incide en nuestro sistema de creencias que, en definitiva, filtra y crea nuestros pensamientos y emociones.

Creencias limitantes y potenciadoras, una brecha contrapuesta

Las creencias limitantes son las que nos impiden expresar nuestras potencialidades: coartan la diversidad de respuesta, nos encierran en una sola posible solución frente a situaciones, nos hacen reprimir las emociones, bloquean nuestra energía, producen contención corporal lo que se traduce en tensión impidiendo comportamientos fluidos y espontáneos frente a situaciones o a personas.

¿CÓMO DESARROLLAR LA ALTA COMPETENCIA?

Las creencias potenciadoras, en contraposición, ayudan a establecer objetivos claros y factibles, estimulan la coherencia emocional y de comportamiento, permiten adquirir aprendizajes, facilitan la relación y la comunicación con las personas de nuestro entorno. Asimismo, nos ayudan a desarrollar confianza y a proyectar seguridad personal.

¿Cómo identificar y reprogramar una creencia limitante?

Todos los seres humanos tenemos creencias que nos limitan y otras que nos potencian. Una forma de identificar las primeras es preguntándonos: *¿en qué situaciones o en qué área de mi vida no estoy teniendo los resultados esperados?* Sólo enfocándonos en esa área específica que se nos dificulta o en aquello que nos cuesta lograr podremos identificar con mayor claridad que es una creencia.

En un sistema de creencias limitantes intervienen varios conceptos preconcebidos que bloquean los resultados.

Un ejemplo muy extendido son las creencias limitantes en torno al dinero. Por ejemplo, si no estoy consiguiendo los resultados financieros que anhelo, debo analizar cuáles son mis creencias al respecto e identificarlas.

Para lograrlo hay un ejercicio revelador que consiste en hacernos preguntas como: *¿quién fue el mayor proveedor de dinero en tu infancia?, ¿quién era la autoridad en cuánto a ese tema?* Al indagar en la respuesta podríamos concluir que posiblemente fuese la mamá, el papá, la abuela o una tía. Lo interesante es recordar qué decía esa autoridad sobre el dinero. Probablemente surgirán frases como:

- *«El dinero es difícil de conseguir».*
- *«Hay que luchar mucho para poder obtener dinero».*
- *«El dinero así como entra, sale».*
- *«El que tiene dinero se corrompe».*
- *«Los ricos son malos».*

Podríamos seguir sumando frases que dijeron nuestros

proveedores y referentes durante la infancia y que calaron en nuestra mente hasta formar un sistema de creencias limitantes sobre el significado del dinero y su manejo. Lo importante es que producto de estas ideas inconscientes, desarrollamos malos hábitos al respecto e incluso obviamos o somos incapaces de ver oportunidades del entorno que puedan surgir en ese sentido.

Hay creencias conscientes fáciles de identificar y otras inconscientes que nos impiden lograr nuestras metas. Hay personas que ganan muy bien, y así como ganan, gastan en un lapso breve de tiempo su dinero. Salen a comer o a divertirse y se quedan sin dinero. Allí hay un sistema de creencias que está apoyando esos resultados.

En definitiva, hay que ubicar en nuestra memoria el recuerdo asociado e identificar cuáles fueron esas voces que seguimos escuchando de la autoridad proveedora y que se estructuraron como un sistema de creencias, limitándonos de adultos en el tema que nos afecta.

Otra manera de trabajar las creencias limitantes es clasificarlas

Otra manera de identificar las creencias limitantes es clasificarlas para poder trabajarlas. Se pueden categorizar según los criterios de: capacidad, posibilidad o merecimiento.

- **Creencias limitantes de capacidad,** se manifiesta con expresiones como:

  - «Yo no soy capaz de hacer esto»,

  - « Yo no vine con el chip de los idiomas».

  - « Yo no tengo ese don, definitivamente a mí no me dieron de eso».

Lo cierto es que contamos con recursos internos en nuestro ADN para desarrollar cualquier habilidad, competencia o capacidad que nos propongamos. Para ello, debamos hacer un trabajo primero. Lo esencial es transformar la creencia limitante que tenemos respecto a un área porque identificarla no es suficiente. Hay que clasificarla, limpiarla y reprogramarla en una creencia potenciadora. En paralelo, debemos aprender a desarrollar la habilidad o la competencia deseada y focalizarnos en ello.

Saber identificar la creencia, por sí sola, no me va a permitir desarrollar la capacidad. Verlo así sería un gran error. Hay que considerar tres pasos importantes:

Identificarla   Clasificarla   Reprogramar la creencia

- **Creencias limitantes de posibilidad,** se manifiesta con frases que evidencian pensamientos condicionantes, como:

  - *«Eso es imposible hacerlo».*

  - *«No hay manera».*

Allí estamos expresando más que incapacidad de hacer algo, la certeza de que un determinado logro es inalcanzable. En ese caso, debemos buscar evidencia o hallar un ejemplo de alguien que sí lo haya hecho en nuestro entorno cercano e incluso un referente desconocido que pudo hacer eso que para ti parecía improbable.

Se trata de identificar que eso que consideramos inalcanzable sí es posible porque otro lo ha hecho.

- **Creencia limitante de merecimiento,** cuando nos hacemos este tipo de cuestionamientos, estamos ante un pensamiento más íntimo de la psique personal, como por ejemplo:

  - *«Yo **no** me merezco esto».*

Es importante añadir que nuestro sistema de creencias es tan fuerte que nos gobierna y nuestra mente es como *el gran libro de la ley* que se fue construyendo en el tiempo y donde quedan escritas las voces de nuestros padres, familiares, profesores y personas de nuestro entorno.

Tal programación no es cuestionable, pues fue transmitida por las figuras de autoridad desde la infancia y la adolescencia hasta la vida adulta. Es así como en ese gran libro que es nuestra mente, hay algo que lo juzga todo y a todos.

Configuramos en nosotros una idea de *cómo deberíamos ser* según los estándares aprendidos. También creamos una imagen mental de la perfección para ser aceptados por los demás. Lo que en verdad sucede es que dicha imagen no es real y por ello nunca llegamos a ser perfectos. Es ahí, cuando nos castigamos y nos rechazamos.

Prueba de ello, es que cuando cometemos un error delante de los demás, intentamos negarlo o esconderlo. Cuando estamos solos, nos reprochamos y es cuando nos decimos: «*no merezco esto o aquello*».

Esto lo hacemos consciente o inconscientemente, de igual manera es el resultado que obtenemos.

 ## De la teoría a la práctica

¿Cómo cambiar tus creencias limitantes?

Punto de partida:

- Identifica una situación de dificultad en tu vida que desees mejorar.
- Revisa los resultados de tus áreas vitales:
  - *Salud.*
  - *Amor/pareja.*
  - *Familia (padres, hermanos, hijos).*
  - *Profesión/trabajo.*
  - *Dinero.*
  - *Espiritualidad.*

¿CÓMO DESARROLLAR LA ALTA COMPETENCIA?

- *Diversión/amigos.*
- *Desarrollo personal.*

- Asígnale a tus áreas vitales un puntaje de 0 a 10 que represente nivel de satisfacción.

  Por ejemplo: «Me pongo nervioso/a cuando voy a hablar en público y eso no me deja avanzar en mi profesión».

Considera: Aquellas áreas que arrojen un resultado bajo, están apalancadas por creencias limitantes, puede ser una o la asociación de varias de ellas.

- Detecta la creencia que está detrás de esa actitud que deseas cambiar y utiliza una o dos frases, claras y concisas, que resuman tu convicción.

  - *Por ejemplo: «Soy incapaz de hablar en público. Soy una persona tímida e insegura y no me gusta ser el centro de atención».*

- Date cuenta

Pregúntate con sinceridad: ¿es 100% cierta esta creencia?

Es probable que te des cuenta que no hay nada de lo que podamos estar seguros al 100%. Busca situaciones en las que sí hayas podido hablar en público sin ponerte nervioso/a. Es decir, busca evidencia de lo contrario en otro contexto. Por ejemplo, tu desenvolvimiento en una reunión familiar o con amigos.

> *Piensa en cómo se ha originado dicha creencia: ¿ha sido producto de tu propia experiencia o la de otros? ¿Quién o qué te hizo concebir esa creencia? ¿Qué voces escuchaste en tu infancia (padres, maestros, cuidadores) acerca de esto?*

Si encuentras información de la experiencia de alguien que te haya hablado al respecto o recuerdas voces de tu infancia y concluyes que esa es la base de tu creencia limitante, solo debes tener en cuenta que esa no es tu experiencia; es la de otra persona que, a su vez, tiene esa creencia limitante.

Para mejorar el nivel de satisfacción en esa área vital identificada por ti, debes crear una nueva creencia a partir de tu propia vivencia y no por la de alguien más. Si no logras identificar ejemplos de tu vida para ilustrar una determinada idea, seguramente se trate de una convicción irracional o inconsciente, sin ninguna fundamentación objetiva. Razón más que suficiente para desechar ese pensamiento.

¿Qué beneficio secundario o intangible te aporta esta creencia?

Según la Programación Neurolingüistica (PNL), todas nuestras acciones conllevan un beneficio, aunque no seamos conscientes de ello. Por ejemplo, fumar nos puede relajar; pensar que somos tímidos nos aleja de la necesidad de exponernos a los demás y nos mantiene en nuestra zona de confort.

¿Cómo eres, cómo actúas, cómo es tu vida cuando crees en esa creencia?

Al hacerte estas preguntas fundamentales, deberás preguntarte: *¿te acerca o te aleja de tu objetivo?*

- Cambia la estrategia

  - **Escoge una creencia potenciadora, contraria a la creencia anterior:** *crea una afirmación clara y concisa que te ayude a acercarte a tu objetivo. Encuentra situaciones de tu vida que demuestren que esta nueva creencia tiene sentido y piensa en qué otros ámbitos o momentos anteriores de tu vida y tu actitud correspondía con esta nueva creencia, aunque sea en una pequeña proporción.*

  - **Empieza a introducir esta nueva creencia** *en tu vida a través del lenguaje y de pequeñas acciones. Cuando te hablas a ti mismo y cuando hablas con los demás, emplea palabras relacionadas con la nueva creencia. Y actúa conforme a ella. No tiene que ser de golpe, sino poco a poco. Empieza a tomar pequeñas acciones que respalden la nueva creencia para ir demostrándote a ti mismo que ésta es más real que la anterior.*

¿CÓMO DESARROLLAR LA ALTA COMPETENCIA?

Nueva York, 15 horas y 22 minutos; Berlín, 14 horas y 20 minutos; Chicago, 16 horas y 46 minutos; Tokio y Boston, 20 horas. Hablamos de maratones donde cada paso dado ha sido producto de una fuerza interior capaz de pulverizar muros de contención de concreto armado, paradigmas, prejuicios y creencias limitadoras.

En una clínica en Caracas, Venezuela, a Maritza y Alberto les dijeron que el bebé que acababan de tener había nacido prácticamente ahorcado por su cordón umbilical y que, a pesar de haber sobrevivido y respirado, había quedado con hipotonía general del cuerpo sin ninguna posibilidad de moverse; no le daban más de una semana de vida.

Maickel Melamed, ese bebé con tan severo retraso motor y reservado pronóstico, no solo duró una semana, sino que anda aún corriendo maratones por todo el mundo a los 44 años y contando, tiene altos estudios universitarios, ha publicado libros y se ha convertido en un ícono mundial que demuestra con la manifestación concreta de su potencial que la única manera de que una creencia o juicio puedan limitar el desarrollo y el éxito de un ser humano es que este se lo permita.

Maickel creció en un contexto donde jamás fue tratado ni sobreprotegido como alguien «especial»; no se le permitía decir «no puedo», y su carisma y luz interior fueron más que suficientes para ser querido, apreciado y respetado por sus familiares, maestros y compañeros de estudio. Lo mejor de todo es que él logra repetir ese contexto en su propia proyección al ayudar a otros a superar limitaciones con las que han estado programados sin darse cuenta.

Desde una fisionomía irregular dentro de lo común, desde un paso y una forma de hablar que parece que tropezara a cada rato, Maickel se aferró sin dudarlo a lo que él decidió creer y lograr, de la misma manera en que se aferró al poco oxígeno que le quedó para sobrevivir al cordón enrollado en su cuello que, al final, no fue sino eso, un cordón que se cortó a tiempo para que surgieran los pasos sólidos y gigantes de Maickel Melamed.

2. ¿Cómo pasar de la neurorigidez a la neuroplasticidad?

Al día, tenemos más de 60 mil pensamientos inconscientes y la mayoría de ellos son automáticos y negativos (ATN). Simplemente y sin darnos cuenta, los pensamientos llegan, determinan nuestras emociones, nuestros comportamientos y muchas veces no son los mejores.

La solución es *«recablear»* nuestro cerebro mediante el cambio de patrones de pensamiento. Se trata de conseguir nuevos caminos neuronales y crear renovados hábitos de pensamiento que sustituyan aquellos que no nos sirven. Los anteriores siguen allí, pero cuando el cerebro se enfoca en el nuevo camino neuronal, inteligentemente, reprograma todos esos pensamientos y creencias que no nos sirven.

De esta forma, podemos modificar nuestro condicionamiento emocional, generando una nueva química cerebral que se traduce en un cambio de comportamiento en nuestra cotidianidad. Necesitamos salir de la *neurorigidez* que la fijación mental crea sobre un evento, para ello existen herramientas.

Pensamiento • lingüística • emoción • acción son modificables si seguimos una estrategia. La sola intención de pensar o hablar positivamente no es suficiente para lograr el cambio. Necesitamos sustituir las fijaciones mentales y pensar todos los días en la *neuroplasticidad* de nuestro cerebro, en la mentalidad en desarrollo que todos tenemos y que es un don maravilloso.

Algunos ejemplos de neurorigidez que nos perjudican notablemente son:

- *«Yo soy así y no puedo cambiar».*

- *«A mí me hicieron así y no puedo ser de otra manera».*

- *«No tengo estabilidad. No sé cómo hacerlo».*

¿CÓMO DESARROLLAR LA ALTA COMPETENCIA?

- *«Ella sí puede, pero yo no».*

Sal de la rigidez

Como *coach,* te aseguro que podemos salir de la rigidez en todo su contexto. No solo para alcanzar los objetivos que queremos lograr sino para explorar e identificar las emociones que impiden que alcancemos nuestras metas.

Para ello debemos entrenarnos y aprender como en cualquier otra disciplina. Se trata de obtener el conocimiento y las herramientas para que seamos capaces de hacer esa neuroconexión y poder asumir los nuevos retos con otra visión.

De forma consciente, podemos ser capaces de hacer un proceso neurológico, «*recablear*» nuestro cerebro y conseguir lo que queremos alineando nuestros pensamientos y emociones.

Con el acompañamiento adecuado, podemos acudir a «*nuestra propia caja de herramientas*» para fortalecernos y ser capaces de manejar los pensamientos y las emociones.

En definitiva, todos los días tenemos retos diferentes. De ahí la importancia de reconectar y reintegrar habitualmente la red neuronal de las emociones que queremos experimentar. Si nuestro estado deseado pasa por conseguir paz, tranquilidad y entusiasmo debemos reforzar la neuroplasticidad diariamente.

Ante un estado emocional de medio a bajo desempeño, de forma usual debemos reconectar, reintegrar y formar nuevos caminos neuronales que nos ayuden a tener emociones de alto desempeño.

Cuando logramos esa reconexión neuronal, formamos una relación a largo plazo con las células nerviosas que forman nuestra identidad y así vamos cambiando progresivamente. Desde nuestro ser, pasando por nuestra proyección, hasta cómo nos vemos y conectamos con la gente. Es algo de todos los días.

Un solo proceso de *coaching* en función de lograr una meta específica no es suficiente. Cotidianamente debemos reintegrar, reforzar y reconectar esos nuevos caminos neuronales que nos ayudarán a tener los estados emocionales que necesitamos para ser imparables en el logro de nuestros objetivos.

Estos renovados patrones de pensamiento permiten reconectar la relación neuronal e interrumpir los procesos de pensamientos negativos. De allí la importancia de cultivar y centrarnos en la *Atención Plena* como una estrategia para bloquear esos pensamientos negativos constantes que nos llegan durante todo el día. Se trata de enfocarnos en lo que queremos y estar muy atentos a esta dinámica.

Al aprender a interrumpir estos pensamientos negativos ganamos independencia emocional y un estado de conciencia positivo.

 De la teoría a la práctica

¡Reencuadra, reasigna y reetiqueta!

El objetivo es romper paradigmas y creencias limitantes para fortalecer y desarrollar *un nuevo pensamiento* que nos lleve a alcanzar nuestras metas. Es un modelo sencillo, fácil y consta de 4 pasos:

- **Re-etiquetar:**
Se trata de reconocer cuándo nos llega un pensamiento negativo, estar atentos a ello y cultivar la atención plena y consciente. Es atribuirle una nueva etiqueta al pensamiento. Algunas personas pueden llamarlo:

  - «*Una trampa del ego*».

  - «*Un falso positivo*»

  - «*Un pensamiento negativo*».

La distracción y dispersión de la vida moderna evita que tengamos un minuto al día de atención plena. Nuestro tiempo libre se lo dedicamos a las redes sociales u otros distractores y no queda un espacio para detenernos a pensar si estamos teniendo ATN (pensamientos automáticos negativos) y si necesitamos re-etiquetar algo en nuestras vidas para conseguir nuestras metas. Simplemente no lo hacemos.

El primer paso es tener atención plena, enfocarse, detenerse a evaluar si eso que estoy pensando me está ayudando con mis propósitos. Se trata de transformar los malos hábitos de *pensamiento • lenguaje • emoción • acción* negativos que impiden conseguir las metas. Es un círculo vicioso de ATN que debemos romper.

Más allá de enfocarnos en unas tareas específicas, en unas fechas, en un plan de trabajo el reto es tener atención plena para lo cual debemos aprender a usar las herramientas. Aprender a identificar los pensamientos que nos impiden avanzar es fundamental para alcanzar el éxito. Es un estándar de acción que nos ayuda a mejorar nuestra calidad de vida. Re-etiquetar cualquier «*trampa del ego*» o pensamiento que no nos sirva es el gran reto.

- **Reasignar:**

Es ver la experiencia, los estímulos y los pensamientos como un aprendizaje. Ver otros puntos de vista, fijar el marco, ver la situación, el suceso o la experiencia desde otra perspectiva, de otra manera.

- **Reenfocar:**

¿Cuál va a ser mi nuevo comportamiento luego de re-etiquetar y reasignar?

Allí es cuando empieza la magia porque empieza a generarse una nueva química en nuestro cerebro y todo cambia: nuestro cuerpo, nuestra mente y revalorizamos nuestra experiencia.

- **Revalorizar:**

  ¿Cuándo nos sentimos mejor?
  Nos aferramos a eso y le damos valor al nuevo pensamiento porque nos proporciona el estado emocional adecuado.

  Veamos un ejemplo, tomado de una experiencia real, de cómo trabajar los estados emocionales y pensamientos o creencias limitantes:

  > *Mauricio, es un ejecutivo de una multinacional que será promovido a la dirección general del Departamento de Sistemas. Su pensamiento recurrente o creencia limitante es que NO debe ocupar una gran oficina ni tener un carro de alta gama porque NO quiere cambiar la cercanía con su equipo de trabajo y desea que la relación siga igual.*

En un proceso de coaching, trabajamos con Mauricio la metodología de re-cablear el cerebro en 4 pasos y el resultado fue muy positivo:

- ***Re-etiquetó*** *su pensamiento: en sus propias palabras lo definió como «un auto-saboteo».*

- ***Reasignó y estableció*** *que el cambio de oficina sería una oportunidad para realizar reuniones con su equipo más cómodamente. Ya no sería necesario pedir la sala de juntas y perder tiempo productivo en ello.*

- ***Reenfocó*** *su comportamiento y solicitó cambiarse a la nueva oficina, antes del ascenso.*

- ***Revalorizó*** *la oportunidad. Sus compañeros lo felicitaron y al experimentar ese sentimiento positivo, se empoderó como nuevo director, cambiando sus paradigmas y creencias limitantes con respecto al ascenso.*

En este caso, mi rol como coach fue simplemente ayudar a Mauricio a hacer la transición para su ascenso. Cuando me contrataron solo me dijeron eso. En la primera sesión, yo empecé a escuchar su pensamiento recurrente y creencia limitante de que «*él no quería una gran oficina ni un carro nuevo costoso, pero sí el cargo porque quería surgir y avanzar*». Él pensaba que su equipo lo iba a ver diferente.

A simple vista, era una creencia no dañina, pero sí le estaba afectando porque uno de los pasos que él debía dar como director era pasarse de oficina y no quería, estaba renuente al tema. Lo que hicimos fue aplicar la metodología de los 4 pasos y él mismo re-etiquetó su pensamiento y cada vez que pensaba en su negativa a cambiarse de oficina se decía: «*esto es un auto-saboteo*», «*yo mismo lo estoy evadiendo*».

Al reasignar, se dio cuenta que podría hacer reuniones mucho más confortables y al reenfocar ocupó la nueva oficina antes del anuncio formal del ascenso. Él debía cambiar de comportamiento y demostrar con una acción que en verdad había re-etiquetado y reasignado. Y, por supuesto, le dieron la oficina porque confiaban en él pues tenía una gestión impecable.

Cuando revalorizó su pensamiento se completó el ciclo de la herramienta para contrarrestar un ATN.

La ventaja de esta herramienta es que desvincula la estructura de la experiencia de una emoción negativa. Lo valioso es que ante una situación similar, su memoria asociativa produce una nueva química y refuerza el nuevo comportamiento.

En resumen, cuando desvinculamos las emociones negativas de la experiencia o de un determinado objetivo, generamos una fortaleza para reaccionar positivamente ante nuevos eventos, gracias a que nuestra memoria asociativa nos ayuda. Nos recuerda que esa situación está unida a una emoción y eso refuerza el nuevo comportamiento.

Hace no tanto tiempo, un filósofo francés, Jean-Paul Sartre, dijo que «el hombre no es sino lo que hace de él mismo»; y su pareja, Simone de Beauvoir, completó con que «una no nace mujer, una se hace (mujer)»[1].

Lo francés de estos autores baña el sur de Estados Unidos en los nombres de muchas ciudades y pueblos, en la gastronomía y en su arquitectura, pero sus antecedentes históricos de violencia, racismo y pobreza lo ha contaminado, dejándolo muy lejos del conocido glamour de esa primera influencia.

La pequeña localidad rural de Kosciusko en el estado de Missisippi vio nacer a una niña de ojos tristes a quien llamaron Oprah Gail. Sus primeros seis años transcurrieron como los de tantos otros niños no deseados, criados sin más remedio por abuelas muy pobres y muy cansadas que ya no estaban para esos trotes. Oprah fue en ese entonces despachada al irresponsable abrigo de su madre en Milwaukee, Wisconsin, en donde fue víctima de terribles y repetidos abusos sexuales por parte de «amigos» de la familia, hasta el punto de quedar embarazada y sufrir un aborto a los catorce años.

Su padre, un sencillo barbero establecido en Nashville, Tennessee, tomó cartas en el asunto y le brindó un hogar donde pudo estudiar y desarrollarse de otra manera. Oprah Winfrey, entonces, decidió crearse desde cero; hacerse a sí misma.

*Frases como: «yo nací así», «esto fue lo que me tocó», «yo no puedo cambiar» no tuvieron cabida en la considerada **Mujer más Poderosa** de los años 2005, 2007, 2008, 2010 y 2013 por la revista Forbes. No le hicieron falta terapias ni gurús para levantarse cada día con un formato distinto y sólido que se impuso para tirar hacia adelante, empujando así los paradigmas del ambiente en donde creció, las manos inmundas que abusaron*

---

1 "L'homme n'est rien d'autre que ce qu'il se fait" (Jean-Paul Sartre, L'Existentialisme est un Humanisme, 1948). "On ne naît pas femme, on le devient" (Simone de Beauvoir, Le Deuxième Sexe, 1949)

de ella y las voces que clamaban que no había otra opción, que esa era la única manera de vivir.

Ella, en todo caso, se volvió otra voz, una mucho más potente, que ha transmitido a través de la televisión, de sus libros y su filantropía una historia diferente, la suya y la de muchas otras que han podido, y aquellas de quienes quieren y no se lo han creído.

3. ¡Entrénate!

Existen tres formas de desarrollar una competencia:

- **Desarrollo natural:** *es darse cuenta. En determinado contexto o situación desarrollas la competencia de forma natural porque te das cuenta del obstáculo que determinado hábito representa para el logro de tus objetivos y del beneficio que tiene si haces el cambio.*

  Por ejemplo, si acostumbras a llegar tarde a tus reuniones, citas de trabajo, entre otros, y un día con cierto cliente te sucede nuevamente lo mismo y observas que se ha ido... Tú lo llamas y te dice que para él tu impuntualidad fue una falta de respeto, la consecuencia es que pierdes un posible negocio. Te vas a tu casa y te das cuenta de que tu error te costó mucho. Entonces te dices a ti mismo con determinación:

  - *«Esto no me vuelve a pasar».*

  - *«Esto no lo vuelvo a repetir».*

  En ese caso, te diste cuenta de forma natural de tu mal hábito y pusiste en práctica un plan de acción para desarrollar una competencia y convertirte en una persona puntal. Empiezas a autogestionarte en ese sentido y cuando menos lo esperas ya tienes instalada esa habilidad de la puntualidad.

- **Co-desarrollo:** *consiste en buscar diferentes formas de desarrollar la competencia a través de un entrenador experto, procesos de coaching, procesos de mentoring,* *capacitación, estudios en universidades, task force o tareas que llevan una alta demanda de responsabilidades.*

En coaching, esta estrategia es recomendable cuando se identifican creencias limitantes o paradigmas que nos bloquean y paralizan y que son necesarios trabajar para poder seguir adelante con el desarrollo de la competencia.

- **El auto-desarrollo.** *Consiste en ser autodidactas. Buscar los propios aprendizajes. Investigar, reflexionar sobre lo visto, leído o escuchado y, por supuesto, llevarlo a la acción. Se dice que esta forma de desarrollar competencias es 70% más efectiva que las dos anteriores.*

El autodesarrollo es muy motivante porque la autonomía es uno de las tres fuerzas poderosas que nos motivan. Según Daniel H. Pink, «cuando eres dueño de tu proceso, te comprometes al 100% en el desarrollo del mismo». Hay diferentes actividades que generan reflexión, acción y fortalecen el autodesarrollo.

Por ejemplo, ver una película que tenga que ver con la competencia que decidimos trabajar, leer libros o diferentes materiales, hacer cursos on line, o incluso, practicar un deporte y realizar un hobbie puede ayudarte a auto desarrollar una competencia. También analizar a un referente te puede ayudar.

 ## De la teoría a la práctica

¡Construye tu entorno personal de aprendizaje y actúa!

Una tendencia en educación es el concepto *Personal Learning Environment* (PLE) creado por Jordi Adell y Linda Castañeda. Consiste en construir un conjunto de herramientas, fuentes de información, conexiones y actividades para aprender de forma autónoma.

Todos tenemos un PLE, lo que sucede es que no lo usamos

potencialmente como deberíamos. La cantidad de recursos que existen en la actualidad hace posible que lo construyamos y lo usemos.

Lo más importante es organizarlo de tal manera que nuestra mente no se convierta en un caos por la sobre información o citar fuentes o referentes poco confiables que brindan información errada. Es entonces, cuando una guía para hacerlo cobra importancia.

PLE en 3 pasos

1 **Búsqueda de información veraz:** el primer paso es acceder a la información que queremos obtener para nuestro aprendizaje dependiendo de la competencia en la que estamos trabajando.

Hay diferentes herramientas como: leernos un libro, ver tutoriales de referentes conocidos, hacer cursos on line, leer artículos, blogs, boletines, escuchar audios, podscast. Lo importante es analizar la veracidad de la información, buscando el respaldo que tienen esas personas a las que estamos siguiendo y que estamos utilizando como referentes.

Debemos buscar información académica o acreditaciones que nos den la seguridad que estamos escuchando a una persona que tiene la autoridad para hablar de un determinado tema. El riesgo de no hacerlo es caer en la mal información y cometer errores en cuanto a llevar a la práctica eso que estamos escuchando o leyendo.

2 **Reflexionar sobre la información recibida y modificarla en la práctica según nuestras necesidades:** nosotros tendríamos que reflexionar, pero también modificar el contenido según cada caso en particular para así utilizarlo en nuestro día a día. Si hacemos o creamos algo con la información recibida, podremos decir que hemos aprendido. De lo contrario, sólo es más contenido para nuestra cognición pero no es aprendizaje. Lo relevante es a partir de eso que hemos recibido como información:

- *¿Qué vamos a hacer?*

- *¿Qué vamos a crear?*

3 **Compartir y discutir la información obtenida con otros:** hay muchas formas de cumplir con esta finalidad. Por ejemplo en congresos, foros, seminarios presenciales o virtuales, en reuniones de trabajo, en nuestro blog personal si lo tenemos, a través de colaboraciones con colegas, participando en proyectos, entre otros.

Las opciones son múltiples para compartir el conocimiento recibido y esa retroalimentación lo que va a hacer es a ayudarnos a incorporarlo más en nuestro cerebro y también a escuchar el punto de vista de otros, lo que puede ser muy relevante a la hora de hacer nuestras propias conclusiones.

¿Para qué sirve el PLE?

Para potenciar nuestra conciencia de procesos cognitivos, es decir, la *metacognición* y ser los responsables de nuestro desarrollo. La primera pregunta que debes hacerte antes de construir tu propio PLE, tu propio entorno de aprendizaje es:

- *¿Qué quieres aprender?*

A partir de allí, empieza a buscar todas esas herramientas, actividades y líneas de investigación que te van a permitir potenciar ese conocimiento. Por supuesto, la indagación recopilada se va a ir modificando a medida que vayas interiorizando lo aprendido y que decidas hacer algo con ello. Y esto es lo más importante, lo repito porque no hay aprendizaje sin acción, preguntarnos:

- *¿Qué estoy haciendo con lo que asimilé?*

A medida que vayas haciendo algo con lo aprendido, debes preguntarte:

- *¿Qué tengo que modificar en este PLE?*

- *¿Cómo lo voy a mover?*

¿CÓMO DESARROLLAR LA ALTA COMPETENCIA?

- *¿Cuáles son las nuevas herramientas que voy a incluir?*

- *¿Qué nuevas páginas voy a seguir?, ¿qué otros referentes voy a escuchar?*

La recomendación es hacerlo como mínimo cada 3 meses y máximo cada 6 meses.

En un artículo sobre Ismael Cala y su salida de CNN en Español[3] resaltan las siguientes palabras y frases dentro del texto que él le dedicó a la cadena de noticias que lo acogió desde el 2001: verdadero propósito, gratitud, ciclo, decisión compleja, generosidad, genuino, paso, oportuno, feliz, escuela, conocer, escuchar, disciplina, Síndrome de Déficit de Atención, reto, despertar conciencias, transición, prueba de vida, transformación, superación del ser humano, reinvención, autoestudio, aprendizaje, salir de la zona de confort, vivir.

Este célebre periodista y conferencista cubano ha sabido aprovechar cada recurso y herramienta que se le ha cruzado para conocer, aprender, entrenarse y ser exitoso ¡para seguir aprendiendo!

Luego de crecer en Cuba con la programación que implica su sistema político-social y una vida familiar muy difícil debido a una predisposición genética a la depresión, la esquizofrenia y al suicidio, llegó a Canadá dejando todo atrás para continuar sus estudios. Allí se encontró con que debía desaprender y reformatear todo su bagaje de información inicial, cual ordenador repotenciado, porque se dio cuenta que el mundo se mueve y cada rincón es diferente.

Siendo un profesional de la comunicación, lo obvio habría sido simplemente trabajar dando noticias, como lo hizo con las cadenas Univisión y CNN en español… Pero no era suficiente. Él tenía que comunicar algo más.

Su famoso programa de entrevistas Cala lo hizo

acreedor de muchas historias que pasaron por su mesa; historias de éxito que comenzaron en contextos maravillosos, pero también aquellas que se iniciaron en medio de la pobreza y el dolor. Ismael escucha y aprende, se rodea de los mejores, alimenta su vida con cada experiencia propia y ajena a la que tiene acceso, y completa su crecimiento al compartir lo que ha aprendido a través de conferencias, publicaciones y charlas alrededor del mundo.

«Esto fue lo que me tocó»

En sus palabras: «Deseo predicar con una obra de vida más que con la palabra, todos tenemos una misión, un legado y una vida extraordinaria que cocrear. Soy un estudiante ávido de entender el para qué nacimos», y «... si no sigo aprendiendo comienzo a morir prematuramente».[2]

4. El poder de los hábitos

«Somos lo que hacemos de manera repetitiva.

La excelencia es, entonces, no un acto sino un hábito».

Aristóteles

Entendemos que los hábitos son el resultado de lo que repetimos frecuentemente de una forma inconsciente. Los hábitos pueden ser saboteadores o potenciadores. Los primeros son los que **no** nos ayudan a alcanzar nuestros resultados mientras los segundos nos impulsan a lograr nuestras metas.

Cuando pensamos en hábitos, mencionamos actos como atarse los zapatos, cepillarse los dientes, dormir, hacer ejercicio, comer ciertos alimentos, entre otros. Sin embargo, para mejorar nuestros hábitos y trabajarlos con mayor rigor y en profundidad, debemos saber que existen 4 aspectos o dimensiones que los abarcan, las cuales nos permiten

2 https://www.elpais.com.co/entretenimiento/asi-fue-el-camino-que-recorrio-ismael-cala-para-llegar-a-cnn.html

potenciarlos y conseguir lo que nos proponemos.

Las 4 dimensiones de los hábitos:

- **Hábitos de pensamiento**: *son esas ideas repetitivas que nos acompañan en nuestro día a día. Al despertarnos, generalmente, pensamos lo mismo que nos ocupó el día anterior.*

- **Hábitos lingüísticos**: *son esas palabras que decimos siempre. Por ejemplo, si nos fijamos bien, todos los días saludamos a nuestros compañeros de trabajo de la misma manera.*

- **Hábitos emocionales**: *son esos estados de ánimo repetidos que sentimos de forma cotidiana. Al levantarnos, tenemos un tipo de emoción, al subirnos a nuestro carro es otro, al observar el tráfico, se transforma el sentimiento y cuando llegamos a nuestro entorno de trabajo es otra emoción. Si observamos bien, frecuentemente, es la misma emoción del día anterior en determinado contexto o situación.*

- **Hábitos de acción:** *son los más conocidos. El ejercicio, tomar agua, cepillarnos los dientes, dormir o alimentarnos son algunos de estos modos recurrentes de proceder.*

Cuando estas 4 dimensiones están desalineadas, no logramos lo que queremos. Por ejemplo, si una persona piensa que sí va a lograr algo, puede suceder que: lo sienta, lo dice y lo piensa; pero no lo hace. O la persona que piensa que sí lo va a lograr, lo dice y lo hace; pero no lo siente..

Entonces, ¿cómo va a lograr un resultado si no tiene los 4 aspectos mencionados sincronizados y en coherencia? No van a alcanzar ese resultado anhelado porque hay una incongruencia en las dimensiones de los hábitos.

Para conseguir lo que queremos lo importante es alinear los hábitos en estas 4 dimensiones.

⚙ De la teoría a la práctica

Hábitos potenciadores. ¿Cómo trabajarlos?

- **La técnica de los 21 días**

Para fijar estos hábitos positivos en nuestro cerebro, una estrategia ampliamente conocida y efectiva es *la técnica de los 21 días*. Consiste en repetir durante este período y de forma consecutiva aquellos actos que deseamos incorporar a nuestra rutina cotidiana.

La técnica establece que si en ese tiempo, por la razón que sea, interrumpimos aquello que nos propusimos, debemos volver a comenzar. Si por ejemplo, el día 14 no hicimos la actividad, entonces debemos reiniciar de cero.

Al completar la técnica satisfactoriamente comprobaremos el día 22 que el nuevo hábito ya quedó instalado en nuestro cerebro. Ya está el circuito neuronal formado. Sin embargo, para que no se recaiga en los días subsiguientes, yo recomiendo que se prolongue la nueva rutina por 60 días para que, definitivamente, quede establecido el hábito de manera permanente y se prolongue en el tiempo.

- **La técnica del bucle de los hábitos**

Es muy eficaz para cambiar hábitos saboteadores por hábitos potenciadores. ¿En qué consiste? La premisa básica es que todos los hábitos obedecen a un bucle, es decir, hay una señal inicial, un activador; luego ese hábito sigue una rutina que avanza paso a paso hasta obtener una recompensa. El reto es identificar cuál es el bucle para poder interrumpirlo. Mencionemos un ejemplo:

> *Cada día, a las 3:30pm, tú junto a uno de tus compañeros de oficina, por el reloj biológico, sienten la necesidad de comerse un dulce. La señal es la hora, las 3:30pm. Luego, siguen una rutina que es levantarse del escritorio, ir al ascensor, oprimir el botón del piso 1 e ir a la cafetería. Allí van a la máquina de dulces y compran una galleta*

de chocolate. Esa es la recompensa.

La galleta de chocolate, les produce placer, sustancias químicas gratificantes como las dopamina, endorfinas, entre otros. Ése es claramente, un bucle del hábito. Lo importante, es que nosotros tengamos una forma de interrumpir ese ciclo.

¿Y cómo? Lo primero es identificar la señal que inicia el bucle del hábito; paso seguido debemos aislarla y, en paralelo, identificar la rutina, rastrear la conducta e interrumpirla. Otra forma, es experimentar y probar con otras recompensas para averiguar cuáles son los deseos que me conducen a ese hábito e incorporarlas a la cotidianidad.

En el ejemplo anterior, tú podrías fijar una reunión a las 3:30pm o hacer una tarea pendiente a esa misma hora. De esa forma, aíslas la señal que inicia el mal hábito. Y si lo que quieres es sentir gratificación entonces podrían cambiar la galleta de chocolate por ver memes, porque te hacen reír, o podrías llamar a alguna amiga (o) y tener una conversación breve. También podrías escuchar con tus audífonos aquella canción que tanto te gusta.

Entonces, se trata de reemplazar la recompensa del mal hábito por algo diferente que produzca la misma sensación de bienestar. Clave es preguntarnos: **¿Qué recompensa estoy buscando yo?**

Si es dopamina entonces no podemos sustituir la galleta de chocolate por una pera o una porción de maní, sería un error, porque hay personas a las que esas opciones no les producen dopamina. Debemos saber e identificar qué cosas me producen dopamina a mí para empezar a incluirlas en la rutina.

Otro caso común que nos ilustra el bucle del hábito es el uso de las redes sociales en el horario de trabajo. La atención constante en Whatsapp, Instagram o Facebook nos impide ser más productivos. La rutina casi siempre es desbloquear el celular, mirar las distintas notificaciones de las redes, responder no 1 sino 3 o 4 mensajes, leer algún artículo interesante que se nos presentó en la búsqueda, compartirlo, y así…

¿Cómo aíslo la señal? Algunas posibilidades serían: desactivar las notificaciones del teléfono, silenciar y guardar el celular en el cajón del escritorio o seleccionar la opción de modo avión.

El siguiente paso sería interrumpir el bucle en cuanto a la rutina. La mejor opción es no entrar a la red social una vez aparezca la notificación porque perdemos la concentración y tiempo en distractores que nos restan productividad laboral y afectan la planificación del día. Al igual que en el ejemplo anterior, una vez bloqueada la conducta repetitiva debemos buscar una recompensa alternativa.

La práctica intencional de la creación de nuevos hábitos

Consiste en desarrollar una habilidad con intención más que llevar a cabo una práctica ingenua. Se trata de tener un enfoque en:

- *¿Qué quiero cambiar?*
- *¿Qué quiero implementar de modo especial en mi vida diaria?*

Para ello, lo primero es tener foco y centrar la atención en eso que se quiere instaurar. Debe haber objetivos concretos, bien definidos y se deben seguir una serie de pasos hasta alcanzar el propósito de largo plazo. La persona requiere no sólo salir de la zona de confort, sino fuerza de voluntad y metas a corto, mediano y largo plazo.

También implica recibir un *feedback* de otra persona o retroalimentarse a sí mismo. La idea es revisar cómo está instalándose ese hábito en el cerebro y cómo va la consecución y el logro del mismo.

La práctica intencional supone que el individuo tiene la intención muy firme de instalar un nuevo hábito potenciador. Debe tener foco y atención en su aspiración y entrenarse repetidamente en eso que desea incorporar o desarrollar como habilidad. *La repetición y constancia serán determinantes para instalar el hábito deseado.*

De la teoría a la práctica

Ponte a prueba. ¡Haz el ejercicio!

Un ejercicio recomendado para trabajar lo anterior es hacer una lista de los hábitos de pensamiento, lingüísticos, emocionales y de acción que forman parte de tu día a día. Deben ser, al menos, 15 conductas de cada una de estas 4 dimensiones.

En este registro personal, debes incorporar desde palabras que usas normalmente, emociones cotidianas, hasta hábitos de acción.

Una vez obtenidos estos resultados, clasifícalos según corresponda en hábitos saboteadores (HS) o en hábitos potenciadores (HP). Aquellos que queden en la primera columna serán las conductas a trabajar porque son los que se identificaron como obstaculizadores de las metas personales.

A cada uno de ellos, se le aplica la técnica del *bucle del hábito.* Posteriormente, se reemplazan los hábitos saboteadores por hábitos potenciadores utilizando *la técnica de los 21 días* y el concepto de *práctica intencional.* Se fija una intención clara, una meta a corto, mediano y largo plazo y se empieza a practicar intencionalmente la incorporación de la nueva habilidad.

¡Frecuencia, repetición y disciplina son fundamentales!

> *Después de haber visto cerezos floreados que engalanan cualquier jardín, patio o calle, por sencillos y humildes que estos sean, imaginarlos ardiendo durante un bombardeo aéreo consume las esperanzas hasta del más aguerrido. Sumemos a esto que quien lo haya visto es un niño pequeño a quien, por sufrir de tuberculosis, le hubieran vaticinado una expectativa de vida no mayor a treinta años.*

> *Hubo en Tokio una humilde familia de recolectores de algas marinas que recibió a su octavo hijo, Daisaku, en una época de extrema tensión*

político-militar. Cuando estalló la Segunda Guerra Mundial en los años cuarenta, Daisaku no era más que un adolescente y fue testigo del vacío material y espiritual que vivió la gente de cualquier clase social en ese país. Sin embargo, lejos de sentirse impedido por las limitaciones de su diagnóstico, vivía con la determinación y la intensidad de aprovechar cada ocasión posible de aprender, crecer y ser útil.

Es así como en el caos de la postguerra, conoce a Josei Toda, uno de los dos fundadores de la organización budista laica Soka Gakkai, profundamente comprometido con la misión de restaurar entre los jóvenes la esperanza y el coraje a través de la educación y la formación de valores en la construcción de una sociedad de paz.

Daisaku Ikeda es ahora el tercer presidente de esta organización. No solo hizo a un lado el fatídico vaticinio de su frágil salud, sino que alcanzó su propósito de llevar estos principios fuera de Japón, alcanzando 192 países del mundo. Sus 91 años son una prueba férrea de que los hábitos de pensamiento, lingüísticos, emocionales y de acción sortean cualquier obstáculo. La coherencia que suelda esos hábitos le dio una capacidad analítica y creativa superior al promedio, tanto que fundó instituciones educativas que cultivan la ética de la paz, la contribución social y la conciencia global desde los talentos natos de cada estudiante.

Dueño de un verbo poderoso, escritor y orador excepcional, es capaz de mediar en conflictos del calibre de la Guerra Fría. Su corazón está tan lleno de amor compasivo que quien interactúe con él (de forma directa o a través de sus publicaciones) se siente aludido, respetado, comprendido y comprometido a no desfallecer. Finalmente, su hábito de accionar las ideas en cualquier proyecto que desarrolle ha concretado hechos muy importantes en la historia contemporánea a través del diálogo. Ikeda ha sostenido diálogos (que han sido publicados) con Arnold Toynbee,

Mijail Gorbachov, Harvey J. Cox, entre muchos personajes emblemáticos.

El fuego que consumió los cerezos luego de que un bombardeo aéreo destruyera su casa familiar se transformó en el espíritu de Daisaku Ikeda en el rugido de un león que tiene todo bajo control en su jungla; cada árbol, cada bestia, cada movimiento del viento; si el león pierde la coherencia de su reinado, sus propios hábitos, pierde todo. Daisaku Ikeda ha dedicado su vida a enseñar al mundo a mantener determinación y coherencia en los hábitos individuales que componen esta jungla llamada sociedad.

5. ¿Cómo usar el máximo potencial de nuestro cerebro?

«Se dice que cuando Albert Einstein no podía encontrar una solución a un problema matemático, hacía una pausa y tocaba el violín. Al poco tiempo, encontraba la solución. ¿Qué lograba Einstein con el violín? Activar el hemisferio derecho de su cerebro (donde se maneja la música) y dejar descansar el izquierdo (donde se maneja la parte matemática)»

Daniel López Medrano

«**E**l cerebro, es un órgano que tiene la capacidad simultánea de generar inteligencia y emociones complejas, almacenar información, tomar decisiones, reaccionar ante diversas situaciones, desarrollar movimientos finos y gruesos, y regular las distintas acciones del organismo entre otras funciones. Es el órgano más extraordinario del ser humano». Así lo afirma, el neurólogo clínico Jaime Toro Gómez, profesor titular de las universidades de los Andes y El Bosque, quien publicó recientemente el libro «*El cerebro del siglo XXI*», donde explica de una manera sencilla su sorprendente complejidad. [3]

---

[3] https://www.eltiempo.com/cultura/musica-y-librosentrevista-con-el-neurologo-jaime-toro-autor-del-libro-el-cerebro-del-siglo-xxi-308292

ILENE DAZA

Anatómicamente está conformado por dos lóbulos, -los hemisferios derecho e izquierdo- que, gracias a décadas de estudios neurológicos, hoy sabemos funcionan conjuntamente y también aisladamente. Lo más interesante es que cada uno tiene su función específica. Desarrollar el cerebro a su máximo potencial supone equilibrar ambos hemisferios. Ahora, ¿cómo lograrlo?

El escritor y conferencista venezolano, Daniel López Medrano[4] explica que *el hemisferio izquierdo* es el encargado de controlar el pensamiento lógico y racional. Maneja los cálculos matemáticos y la formulación del lenguaje, al leer, hablar o escribir. Este hemisferio entiende el tiempo de forma lineal. Es analítico. Se enfoca en las partes; no en el todo. Clasifica, toma todo de forma literal, critica y sigue reglas. *«El hemisferio izquierdo solo ve los extremos. No distingue los diferentes matices de grises entre el blanco y el negro. Solo considera válida la información que puede demostrarse a través de resultados medibles o datos estadísticos. En síntesis, abarca el razonamiento lógico, la memoria y la parte consciente del lenguaje».* También es llamado el *hemisferio masculino.*

Por su parte, el *hemisferio derecho*, -puntualiza Medrano- *«es el encargado del pensamiento creativo: la fantasía, la imaginación, el talento musical y, en general, todas las actividades artísticas. Este hemisferio es atemporal. Es decir, no se maneja por un concepto lineal del tiempo. Observa la realidad de modo global. No se detiene en las partes que componen un todo. Se enfoca en el conjunto. Integra, es intuitivo, no enjuicia. No le preocupan las reglas y, gracias a él, entendemos las metáforas».*

El *hemisferio derecho* está más dedicado a las imágenes, al lenguaje no verbal, a lo simbólico, creativo, soñador y analógico, es decir, ve las semejanzas entre las cosas. Es el hemisferio del poeta, del artista. También se le denomina *hemisferio femenino.*

---

4 www.daniel.lopezmedrano.com

¿CÓMO DESARROLLAR LA ALTA COMPETENCIA?

Un balance necesario

Al equilibrar los dos hemisferios mejoramos nuestra creatividad y resolvemos los problemas con mayor facilidad; superamos mejor el estrés, elevamos también nuestra intuición, inspiración y reforzamos nuestro sistema inmunológico.

En la práctica, ¿qué significa entonces equilibrar los dos hemisferios? Supone, aprender a activar el hemisferio derecho (donde se maneja la música) y dejar descansar el izquierdo (donde se maneja la parte matemática). Ejercitar el primero y poner en pausa el segundo. Y ello, lo aprendemos a hacer con ciertos ejercicios. El desafío es aprender a potenciar nuestro hemisferio derecho y promover un sano equilibrio entre ambos hemisferios.

Según López Medrano, en Occidente hemos sido programados desde muy pequeños para usar el hemisferio izquierdo. Muchas personas solo piensan con esa mitad del cerebro. Esta descompensación ha provocado que muchos seres humanos tengan desactivada su intuición y desconozcan su parte espiritual:

> *«En Oriente, entretanto, ocurre todo lo contrario. Viven desde el punto de vista del hemisferio derecho, enfocados más en la conexión espiritual y descuidando la parte material. Por eso, muchas familias han vivido en la pobreza por generaciones. Por eso, la invitación para esa gran mayoría que ha desarrollado durante mucho tiempo el lado izquierdo de sus cerebros, es que se propongan ejercitar el derecho y aprendan a usar ambos hemisferios cerebrales por igual. Debes hacer ejercicios para activar el hemisferio derecho. Es importante que sea así, porque te permite observar las situaciones como un todo. No por fragmentos, como hace el hemisferio izquierdo. No nos distraigamos solamente con los árboles (hemisferio izquierdo). Tomemos en cuenta todo el bosque (hemisferio derecho)», finaliza Medrano.*

De la teoría a la práctica

Equilibra los dos hemisferios cerebrales

Si quieres obtener una mejor comprensión de lo que te rodea, practica habitualmente alguno de estos ejercicios de acuerdo a tu preferencia: *visuales, artísticos, o motores.* La recomendación es realizarlos durante *21 días consecutivos* pues, como ya lo hemos explicado en el primer capítulo, es el tiempo que el ser humano necesita para adecuar su cerebro a un nuevo hábito. ¡Ánimo!

Ejercicios visuales

- **El Juego de la Nasa**

Este famoso juego, ideado por la *Nasa* para entrenar a los astronautas, también se conoce como «*El abecedario mágico*». Para jugarlo, escribe el abecedario en letras mayúsculas en una hoja de papel, de la misma forma como aparece en el gráfico.

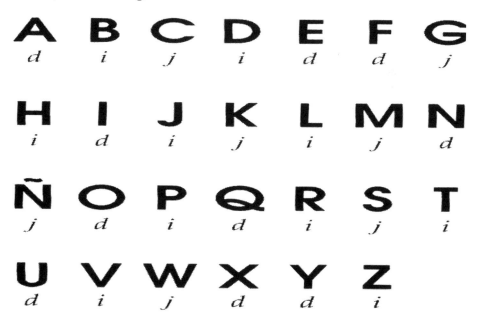

¿CÓMO DESARROLLAR LA ALTA COMPETENCIA?

Observa que debajo de cada letra aparece una letra «i», «d» o «j». Debes escribirlas en el mismo orden, tal como aparece, en letras minúsculas. La «i», significa izquierda. La «d» derecha. La «j» significa juntas.

Ahora pega la hoja de papel en una pared. Párate enfrente y comienza a decir en voz alta las letras del abecedario que están en mayúsculas. Al mismo tiempo, levanta el brazo que corresponde a la letra en minúscula que se encuentra justo debajo de cada letra mayúscula. Por ejemplo:

Si dices la letra «a» en voz alta, al mismo tiempo deberás levantar la mano derecha. Luego te tocaría decir «b» y levantar la mano izquierda. Al decir «c», deberás levantar las dos manos al mismo tiempo. Debes realizar el ejercicio a una velocidad de un segundo por letra. Si te equivocas en una letra, debes comenzar de nuevo. El objetivo es recorrer dos veces todo el abecedario, de la A a la Z, y de vuelta, de la Z a la A, dos veces más. Todo, sin cometer errores.

- **Palabras Ocultas**

Para ejercitar el hemisferio izquierdo, lee el siguiente texto con fluidez.

C13R70 D14 D3 V3R4N0 3574B4 3N L4 PL4Y4 0853RV4ND0 A D05 CH1C45 8R1NC4ND0 3N 14 4R3N4, 357484N 7R484J484ND0 MUCH0 C0N57RUY3ND0 UN C4571LL0 D3 4R3N4 C0N 70RR35, P454D1Z05 0CULT705 Y PU3N735. CU4ND0 357484N 4C484ND0 V1N0 UN4 0L4 D357RUY3ND0 70D0 R3DUC13ND0 3L C4571LL0 4 UN M0N70N D3 4R3N4 Y 35PUM4...P3N53 QU3 D35PU35 DE 74N70 35FU3RZ0 L45 CH1C45 C0M3NZ4R14N 4 L10R4R, P3R0 3N V3Z D3 350, C0RR13R0N P0R L4 P14Y4 R13ND0 Y JU64ND0 Y C0M3NZ4R0N 4 C0N57RU1R 07R0 C4571LL0; C0MP3ND1 9U3 H4814 4PR3ND1D0 UN4 6R4N L3CC10N; P4574M05 MUCH0 713MP0 D3 NU357R4 V1D4 C0N57RUY3ND0 4L6UN4 C054 P3R0 CU4ND0 M45 74RD3 UN4 0L4 LL364 4 D357RU1R 70D0, S010 P3RM4N3C3 L4 4M1574D, 3L 4M0R Y 3L C4R1Ñ0, Y L45 M4N05 D3 49U3LL05 9U3 50N C4P4C35 D3 H4C3RN05 50NRR31R.

Al principio, puede haber dificultad para pronunciar las primeras frases, pero una vez que logres descifrar el significado de los números, las siguientes palabras fluirán mucho más fácil.

Ejercicios artísticos

Las actividades artísticas son muy variadas. No se limitan a la música o a la pintura. Podemos practicar ballet, hacer una escultura, tejer y, por qué no, preparar ricas recetas y decorar una tarta de cumpleaños. Puede haber arte, incluso, en la forma de servir una mesa. A continuación, presentamos algunas opciones.

- **Cantar o aprender a tocar un instrumento**

Cantar, escuchar o ejecutar música te ayudará a ejercitar el hemisferio derecho de tu cerebro y despertará una mayor creatividad en ti.

- **Pintar**

Cuando dibujamos, activamos el hemisferio derecho del cerebro. No necesitamos realizar una gran obra de arte. Unos pocos trazos serán suficientes. También aplica colorear un dibujo con la mano menos hábil.

- **Escribir un cuento**

Imaginar y escribir una historia es una actividad propia del hemisferio derecho, del creativo. Al momento de redactar, debes tener presente las reglas de ortografía, lo cual es una actividad que maneja el hemisferio izquierdo.

Ejercicios motores

- **Figuras geométricas en el aire**

El objetivo es dibujar cuadrados y triángulos imaginarios en el aire, utilizando ambas manos. Con la mano derecha, dibuja cuadrados en el aire, 10 veces. Luego, con la mano izquierda, dibuja triángulos en el aire, la mismas cantidad. Trata de memorizar los movimientos.

Luego, repite ambas actividades, pero esta vez de forma simultánea, evitando en todo momento que las figuras geométricas pierdan la forma.

- **Círculos continúos**

Para este ejercicio vas a necesitar lápiz y papel. Deberás escribir una serie de círculos continuos con tu mano no dominante o la menos hábil. Es decir, si eres diestro usarás la mano izquierda, y si eres zurdo, la derecha.

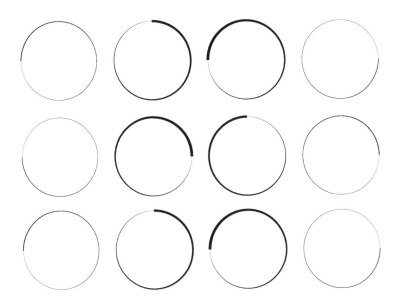

Luego, intenta hacer los círculos con ambas manos al mismo tiempo. Debes practicarlo con frecuencia hasta que logres hacerlo bien.

Otras actividades motoras

El propósito es realizar acciones cotidianas con la mano **no** dominante. Si eres diestro, usa la mano izquierda y viceversa. Puedes intentar escribir, peinarte, cortar la comida, cepillarte los dientes, tomar sopa con cuchara, atar las trenzas de los zapatos, abrir y cerrar la puerta usando las llaves o atornillar y desatornillar algún objeto, u otras actividades similares.

- **Jugar ajedrez**

Este es uno de los pocos juegos que activan ambos hemisferios cerebrales. Podemos pasar del hemisferio derecho al izquierdo de forma muy rápida. El izquierdo es el responsable de las funciones de cálculo, de la estrategia y de seguir las reglas; mientras que el derecho se encarga del reconocimiento de imágenes y de la intuición.

- **Meditar**

Incorporar esta práctica a la rutina cotidiana con una frecuencia de entre 10 y 20 minutos cada día, te ayudará a: equilibrar tus hemisferios cerebrales, disminuir el estrés, aliviar la ansiedad y la depresión, mejorar la memoria, aumentar la creatividad y reducir la presión sanguínea. Entre otros muchos beneficios.

> *Un rostro afable sonreía entre los cables de 256 electrodos conectados a su cráneo calvo. Las máquinas, sus ruidos, las batas blancas y las caras serias no se parecían en nada al paisaje verde y silencioso alrededor del monasterio Shechen Tennyi Dargyeling, su hogar en Nepal. Según el periodista David Jiménez (El Mundo, España[5]), científicos de la Universidad de Wisconsin se enfocaron en estudiar ese preciso cerebro a través largas sesiones de resonancias magnéticas nucleares.*

---

5 https://www.elmundo.es/suplementos/magazine/2007/395/1176906666.html

¿CÓMO DESARROLLAR LA ALTA COMPETENCIA?

«…para detectar su nivel de estrés, irritabilidad, enfado, placer, satisfacción y así con decenas de sensaciones diferentes (…) Los resultados fueron comparados con los obtenidos en cientos de voluntarios cuya felicidad fue clasificada en niveles que iban del 0.3 (muy infeliz) a -0.3 (muy feliz). Matthieu Ricard logró -0.45, desbordando los límites previstos en el estudio, superando todos los registros anteriores y ganándose un título –«el hombre más feliz de la tierra»– que él mismo no termina de aceptar».

De Matthieu Ricard se esperaba que heredaría un cuantioso bagaje material e intelectual. Habiendo nacido en una acomodada familia parisina, vivió su juventud plenamente en el furor del París de los años 60, y recibió los más altos estudios hasta obtener un doctorado en biología molecular del mismísimo Instituto Pasteur, bajo la tutela de François Jacob, premio Nobel de Medicina.

A los veintiséis años, contradijo cualquier expectativa al encontrarse con el budismo tibetano y dejar todo para irse al Himalaya como discípulo de Kangyur Rinpoche, un maestro de una ancestral escuela de la tradición Nyingma. Es el único europeo capaz de traducir el tibetano clásico, y a la vez que asesor y mano derecha del actual Dalai Lama, ha publicado numerosos libros y obras fotográficas cuyo beneficio financiero ha donado en su totalidad a obras de caridad.

A través de la meditación analítica, este monje ha logrado desfragmentar conocimientos y conceptos establecidos durante su época de estudios: de atención plena, a observar el presente, aceptarlo y así saber cómo manejar cada circunstancia; y de la compasiva, ha dilucidado cómo ayudar a otros a liberarse de sufrimientos, métodos que comparte con el mundo en sus muchas publicaciones (entre escritos y fotografías) y charlas, incluso las TED.

Matthieu Ricard, a sus 73 años, mantiene en equilibrio ambos hemisferios cerebrales, el derecho

y el izquierdo -hecho científicamente comprobado-
y ha aprovechado al máximo su capacidad total.
Ese equilibrio es su única posesión, porque no tiene
ni casa, ni coche, ni piso en la playa, ni acciones en
clubes, ni un armario bien surtido. Pero si se mira
más de cerca y se analiza bien, ¿qué otra ganancia
puede llegar de un equilibrio semejante que no sea
la felicidad plena como éxito absoluto en la vida?

6. La aventura del meta-aprendizaje: aprende a desarrollar un súper cerebro

Hace 60 años era absurdo pensar que el entorno físico podía cambiar la estructura de nuestro cerebro. Los científicos afirmaban que la actividad de este órgano primordial respondía 100% a la genética.

En aquel momento se consideraba que un estudiante con bajo rendimiento en matemáticas no tenía muchas posibilidades de mejorar en esta asignatura, pues así como había heredado el color de cabello, su habilidad numérica igualmente ya estaba delimitada.

El inconformismo nos fue llevando por otras veredas del conocimiento. Hemos comprobado que ese *disco duro* tan perfecto que utilizamos los seres humanos tiene plasticidad, puede transformarse. Así lo demostró en 1964 Marian Diamond al observar que la corteza cerebral asociada con el procesamiento cognitivo es mucho más receptiva de lo que se pensaba[6].

Tiempo después, esta pionera de la neurociencia moderna recibió en su laboratorio cuatro porciones de un cerebro humano que había sido preservado para su análisis. Nueva evidencia señalaba que la capacidad mental podía verse enriquecida por influencia del entorno[7]. Los restos que examinaba en ese entonces pertenecían a un sujeto que había hecho grandes aportes a la humanidad: Albert Einstein.

---

6 Diamond, Marian C. (2001-06-01). "Response of the brain to enrichment". Anais da Academia Brasileira de Ciências. 73 (2): 211–220.

7 Robert Sanders (2017) "Marian Diamond, known for studies of Einstein's brain, dies at 90". Berkeley News.

¿CÓMO DESARROLLAR LA ALTA COMPETENCIA?

Los códigos de la mente

En el presente, célebres frases de Einstein han servido de sustento para el trabajo de Jim Kwik, un joven asiático que ha desarrollado el súper poder (todos lo tenemos) de descifrar los códigos de la mente.

A sus cinco años, el mundo no tenía sentido para él, estaba lleno de garabatos incomprensibles; había sufrido un golpe tan fuerte en su cabeza que aprendió a leer muy tarde. Era señalado por sus compañeros de clase como «*el niño del cerebro roto*».

Podría decirse que su verdadero maestro fue el profesor Charles Xavier y no la escuela. Este mentor no era de carne y hueso; estaba impreso en historietas de los *X-Men*, pero le hablaba a través de metáforas como si tratara de guiarlo en la aventura de descubrir su más poderoso talento.

Destacados empresarios y estrellas de Hollywood le atribuyen cualidades de héroe a Jim por haber accedido a sus mentes de forma casi mágica. Pulió sus memorias como diamantes para que brillaran con más vivacidad. Entonces, nos preguntamos:

- *¿En qué realmente es experto Kwik?*
- *¿Cómo superó sus obstáculos?*
- *¿Qué logró descifrar fuera del sistema educativo?*

El meta-aprendizaje

Kwik reconoció que nunca antes había «*aprendido a aprender*». Jamás le habían dado clases en la escuela sobre cómo memorizar palabras o aplicar teorías, así que decidió investigar por sí mismo los mecanismos necesarios para lograr una mente más eficaz. Fue así como se apropió del concepto de ***meta-aprendizaje***[8].

Por ejemplo, si intentáramos manejar un auto sin antes saber

---

8   Según Wikipedia, "Meta-aprendizaje" es una rama de la meta cognición concerniente al aprendizaje sobre nuestro propio aprendizaje y el proceso de aprendizaje.

cómo funcionan sus partes, dirigirlo con éxito sería difícil. El *meta-aprendizaje* propone «*leer el manual de nuestro cerebro*». para otorgarnos la licencia de aprovecharlo a su máximo nivel y conducirnos hacia una vida más provechosa. Es la manera más eficiente de abrir la mente para recibir nuevos conocimientos.

Así como hacemos ejercicios para ganar musculatura o perder grasa, hay rutinas que son clave para conservar la mente en forma. En ambos casos, la determinación y el enfoque son necesarios.

De la teoría a la práctica

- **Pensamiento positivo:** el sistema inmunológico funciona mejor cuando nos desligamos de las ideas negativas. Hay que aceptarlas y observarlas sin aferrarse a ellas.

- **Ejercicio físico:** cuerpo sano, mente sana. Dedicar unos minutos a mantenerse en movimiento incrementa el rendimiento del cerebro. Más allá del impacto del ejercicio en el aparato cardiovascular, hay un efecto directo en el cerebro que genera nuevas conexiones cerebrales, mejora el ánimo y refuerza el pensamiento creativo.

- **Vínculos humanos, buena compañía:** es importante sentirse rodeado de seres con los que sea agradable interactuar. El bienestar social es necesario y afecta positivamente el organismo. En tiempos de hiperconectividad, es vital no aislarse. Somos seres sociales y el vínculo humano es irreemplazable.

- **Ambiente limpio:** un espacio íntimo aseado y organizado es el reflejo de una mente clara. Cuando hay desorden es más difícil encontrar lo que buscamos, lo mismo sucede con el pensamiento.

- **Aprendizaje sostenido:** desarrollar nuevas habilidades es como combustible para el cerebro. Leer es una forma de crear nuevos aprendizajes y agilizar los procesos mentales. Aprender un idioma, tocar un instrumento musical o indagar sobre un tema desconocido son formas de mantener el cerebro activo.

¿CÓMO DESARROLLAR LA ALTA COMPETENCIA?

- **Dieta saludable:** una alimentación rica en verduras, en pescado que contenga omega 3, es muy importante para el cerebro.

- **Manejo del estrés:** la realidad no la podemos cambiar, pero sí la podemos reevaluar y decidir cómo respondemos ante ella. La manera en que pensamos determina la manera en que sentimos. Y por eso, podemos hacer ciertos cambios para enfrentar el estrés o la realidad que -a veces- no se puede cambiar.

- **Dormir bien:** hay que dormir 8 horas por día. El sueño es salud. El sueño interviene en la función hormonal, en la función inmune y en la consolidación de la memoria. Son todas cosas gratis que le hacen muy bien al cerebro.

- **Vivir el presente:** un cerebro atento es un cerebro más productivo y feliz.

> *«Concentrarnos en el presente no es fácil, porque vivimos rumiando. Los seres humanos nos diferenciamos de otras especies porque podemos imaginar escenarios futuros y revisar escenarios pasados. Siempre estamos pensando en la próxima tarea o revisando el pasado y nos olvidamos de estar enfocados en el presente. Un cerebro atento es un cerebro más productivo y feliz, porque nos saca del circuito de ansiedad, revisando el pasado e imaginando escenarios futuros. Así que debemos estar atentos y disfrutar el presente».*[9]

En un entorno tan sobrecargado de estímulos, seguimos buscando la sabiduría. En el mar de distracciones al que estamos expuestos, apreciar estas herramientas servirán como un flotador que impedirá ahogarnos entre tanta información.

Se trata de aprender desde la calma, sin velocidad frenética, para adaptarnos a una economía digital que demanda productividad. Hay técnicas que realmente funcionan, y toda persona sin importar su edad, puede aplicarlas para mejorar en cualquier aspecto de su vida.

---

9   https://youtu.be/4ebt-yHf3mY?t=876

- **Conocimiento vivo:** la memoria mantiene vivo el conocimiento; el conocimiento se traduce en poder y ganancia. Olvidar puede costar muy caro en un mundo que paga por pensar, pero afortunadamente contamos con estrategias para recordar nombres, palabras, situaciones simples o complejas.

> *Practiquemos, por ejemplo, este método de visualización y asociación: Después de seleccionar varios rincones de una vivienda conocida, vamos a colocar mentalmente nuestras tareas pendientes en cada espacio elegido. Por ejemplo: correr 20 minutos lo asociaremos a la terraza. Ahora, cada vez que miremos hacia la terraza será más fácil recordar que tenemos pendiente salir a correr.*

> *Se ha demostrado que una información recibida puede mantenerse vigente si está ligada a nuestras emociones. Otra técnica para recordar una situación específica es enfocarnos en la emoción que experimentamos al momento en que ocurrió. Es por esta razón que nos cuesta olvidar acontecimientos como el brindis de grado o la fecha de nuestro matrimonio.*

> *Esto nos da una idea sobre la importancia del recuerdo. La memoria nos invita a experimentar cada instante como una aventura emocionante, porque al apreciar la vida de ese modo, difícilmente podremos olvidar quiénes somos, para qué nacimos y hacia dónde debemos ir.*

Debatir, hacer intervalos de aprendizaje y jugar son claves para aprender mejor

- **Debate y discusión**: *está demostrado que cuando tenemos espacios donde debatimos los temas de nuestro interés activamos en nuestro cerebro el área del aprendizaje y la atención. Creamos así la necesidad de saber más respecto a un área de interés y nos preparamos con argumentos sólidos que podamos poner sobre la mesa con total confianza, seguridad y fluidez.*

- **Intervalos de aprendizaje**: *establecer metas y tiempos de aprendizaje con intervalos nos ayuda a aprender mejor. El tiempo aproximado de máxima atención y* *concentración del cerebro es de 90 minutos. Pasado este tiempo, la atención tiende a dispersarse y hay agotamiento de la energía que usamos en el proceso. Lo conveniente es hacer sesiones de aprendizaje de 90 minutos, parar por unos 10-15 minutos haciendo otra actividad diferente que no implique tener el máximo de la atención y concentración.*

- **Jugar, una gran herramienta de aprendizaje:** *¿por qué jugando se aprende más? Según los expertos, los juegos son sistemas educacionales en sí mismos, porque permiten al individuo comprender un contenido de manera experiencial y con un alto nivel de involucramiento. La tecnología y los juegos en línea son un aliado en este sentido. Hacen que aprender sea un proceso mucho más fluido.*

La razón es que los juegos son diseñados para ser un espacio de resolución de problemas complejos; los jugadores deben desentrañar y comprender a través de la investigación personal. Además, estos desafíos vienen diseñados con grados crecientes de complejidad, de modo que el jugador va afinando sus destrezas a medida que juega.

Tienen claras instrucciones de por dónde empezar y qué hacer en cada secuencia. Finalmente, generan data en tiempo real que le da al jugador un feedback inmediato sobre su desempeño.

Los juegos crean en el jugador la necesidad de entender, examinar, asimilar conceptos y dominar ciertas competencias.

> *En el bullicio de una casa con ocho hermanos menores se mezclan muchas cosas: ruidos de todo tipo (gritos, puertas, risas, llantos, juegos, golpes…); colores de tantas prendas de ropa, juguetes y mantas; olores de cada comida, de cada champú, de cada colada, de cada sudor; y las texturas, desde lo más suave, como el cabello del bebé, hasta lo más áspero, como la barba de dos días del papá.*

ILENE DAZA

Un cerebro promedio filtra los estímulos para solo percibir los más necesarios y prioritarios; un cerebro como el de Daniel, profundamente sensible, sin que sea responsabilidad de nadie, no filtraba nada. Todo se percibía. Todo el bullicio, cada elemento y de forma aguda.

El sistema eléctrico de ese cerebro, el de Daniel, colapsaba en ataques de epilepsia, de los cuales se dice que destruyen neuronas que jamás se regenerarán. ¿Significaba esta condición que Daniel sufriría discapacidades cognitivas? Absolutamente no. Daniel desarrolló una súper capacidad, solo que desde un ángulo diferente al común denominador: desde la percepción emocional e intuitiva, además de un hábito de lectura poderoso desde muy temprana edad.

La sinestesia, una interferencia inusual entre los sentidos (colores que suenan o huelen a algo, sonidos que se sienten al tacto, texturas que nos hacen salivar, entre otros.), lejos de significar una discapacidad para Daniel Tammet, se volvió una herramienta fundamental para desarrollar su súper cerebro, que le ha permitido aprender lenguas, adquirir una memoria prodigiosa y una habilidad matemática excepcional: «Mis mundos de palabras y números se mezclan con el color, la emoción y la personalidad. Es la enfermedad que los científicos llaman sinestesia, una interferencia inusual entre los sentidos».[10]

Este escritor, matemático, profesor y conferencista inglés, hoy residente en París, nos muestra en esa breve charla TED citada su forma de procesar y responder a preguntas y problemas de índole numérico, visual y verbal sin limitarse al conocimiento abstracto y racional, sino concentrándose en su intuición en su forma particular e individual de percibir el mundo.

Cada quien percibe los elementos de una manera

---

10 https://www.ted.com/talks/daniel_tammet_different_ways_of_knowing/transcript?la

diferente; Daniel percibe los números como formas visuales de diferentes colores, y desmenuza las palabras como si fueran masilla con distintos niveles de suavidad y temperatura, sin necesidad de un diccionario o un libro de gramática.

Súper cerebros como el de Daniel Tammet o el del fallecido genio Albert Einstein, que concibió el concepto de relatividad y plasticidad de la energía viendo una tormenta eléctrica desde un tren -y no desde una biblioteca- son ejemplos de que todos tenemos la capacidad de obtener altos niveles de conocimiento y razonamiento desde nuestra actitud y personalidad ante el resto del mundo, y así accionar cambios que optimicen nuestro trabajo y nuestra vida personal.

En resumen, para transformar nuestra mentalidad, recordemos que:

- Las creencias son ideas preexistentes que tenemos de la realidad. Pueden ser limitantes o potenciadoras y continuamente las estamos reprogramando en nuestra mente. La manera de saber cuáles son nuestras creencias limitantes es revisar los resultados en aquellos ámbitos de nuestra vida donde tenemos mayor dificultad.

- Una vez identificadas y clasificadas, debemos transformar las creencias limitantes en creencias potenciadoras y trabajar los hábitos positivos para desarrollar nuestras habilidades.

- La neuroplasticidad nos permite lograr estados emocionales de bienestar y alto desempeño en el logro de nuestros objetivos.

- Gracias a la teoría del Cerebro Triuno podemos aprender a recablear nuestro cerebro para cambiar los pensamientos. El modelo a seguir es: Re-etiquetar, reasignar reenfocar y revalorizar.

- Podemos desarrollar competencias de forma natural, por codesarrollo o por autodesarrollo. Lo importante es comprometernos y llevarlas a la práctica a través de un plan de acción.

- El concepto PLE nos brinda herramientas para aprender de forma autónoma. Es relevante organizar la información, asegurarnos que sea veraz, modificarla en la práctica según nuestras necesidades y compartir con otros lo aprendido. Lo más importante es actuar, hacer algo con la información aprendida porque no hay aprendizaje sin acción.

- Los hábitos son el resultado de lo que repetimos frecuentemente de forma inconsciente. Pueden obstaculizar nuestras metas, pero si los reprogramamos, pueden ser claves para desarrollar nuevas habilidades. Existen, al menos, 3 técnicas comprobadas para modificar aquellas rutinas saboteadoras y hacer trabajar las potenciadoras en función de nuestras metas.

¿CÓMO DESARROLLAR LA ALTA COMPETENCIA?

- La técnica de los 21 días es una de ellas y se puede extender por 60 días para instaurar el hábito de forma permanente en el cerebro.

- Somos lo que hacemos de manera repetitiva.

- El cerebro es el órgano más extraordinario del ser humano. Desarrollarlo a su máximo potencial, supone aprender a equilibrar los hemisferios derechos e izquierdos.

- El hemisferio izquierdo controla el pensamiento lógico y racional, mientras el hemisferio derecho es el encargado del pensamiento creativo: el arte, la imaginación y el talento musical. Con ejercicios visuales, artículos y motores podemos equilibrar ambos hemisferios.

- El cerebro tiene plasticidad y puede transformarse. Es posible tener una mente más eficaz. La capacidad mental puede verse enriquecida por influencia del entorno.

- Hay rutinas que son clave para conservar la mente en forma: el pensamiento positivo, ejercicio físico, buena compañía, ambiente limpio, aprendizaje sostenido, por mencionar algunas.

- El método de visualización y asociación también puede ser muy útil para ejercitar la memoria.

- Debatir, trabajar en intervalos de 90 minutos, haciendo pausas de 15 minutos y jugar activa en nuestro cerebro el área del aprendizaje y la atención.

- La tecnología y los juegos en línea nos ayudan a aprender de manera experiencial, con un alto nivel de involucramiento. Permite afinar nuestras destrezas en cuanto a la resolución de problemas.

Escribe 3 acciones concretas y observables que puedas aplicar a tu día a día a partir de lo que has aprendido en este capítulo. Acciones que te llevarán a avanzar y que van a generar un impacto en esta dimensión:

1._____

_____

_____

_____

_____

2._____

_____

_____

_____

_____

3._____

_____

_____

_____

_____

Capítulo II
El poder de la lingüística

La palabra y el lenguaje constituyen componentes fundamentales para construir nuestros modelos mentales del mundo. Ejercen una tremenda influencia sobre el modo en que percibimos y respondemos a la realidad. «*¡Dime cómo hablas... y te diré quién eres!*». Igual de importante es el lenguaje no verbal, ya que nuestra fisiología y anatomía emocional –de apertura o contención- inciden directamente en el logro de nuestros objetivos.

1. Lenguaje verbal: nuestros logros y fracasos mediados por el poder de la palabra

El lenguaje verbal constituye una característica exclusiva de la especie humana, siendo considerado como uno de los principales factores que nos diferencian de las demás criaturas. El renombrado psiquiatra Sigmund Freud decía que «*las palabras son el instrumento básico de la conciencia humana y que, como tal, tenían poderes muy especiales*».

John Grinder y Richard Bandler, co-fundadores de la Programación Neurolingüística (PNL) aseguran, por su parte, que los logros y los fracasos de los seres humanos siempre han implicado la utilización del lenguaje. Como humanos, utilizamos el lenguaje de dos formas: en primer lugar, para representar la experiencia en una actividad que denominamos razonar o pensar y, en segundo lugar, nos servimos del lenguaje para comunicarnos y expresar nuestro modelo de representación del mundo.

A esta actividad consistente en la utilización del lenguaje como medio de comunicación, la denominamos: hablar, escribir, exponer, discutir, entre otros. Según estos autores, el lenguaje es un medio que nos sirve para representar o crear modelos de nuestra experiencia y comunicarla.

Cuando se trata de una alta competencia, tenemos que manejar el lenguaje con propiedad y saber que cada área en la que deseamos destacar por nuestra aptitud o idoneidad, tiene su propia jerga. Estudiar los marcos conceptuales, las teorías, las metodologías y los fundamentos de nuestra profesión nos proyectan y nos ayudan a ampliar nuestro vocabulario y a usarlo con mayor empoderamiento.

¿CÓMO DESARROLLAR LA ALTA COMPETENCIA?

Este conocimiento nos permite concebirnos como personas con criterio, formadas en la competencia que estamos desarrollando y con un alto conocimiento de los temas que tratamos. Valida nuestra experticia como profesionales de un área determinada y/o como voceros de nuestro negocio.

En una fiesta folclórica de Burgos corren los niños entre las mesas y las sillas, y algunas abuelitas refunfuñan cada vez que la algarabía infantil las tropieza o las empuja. El vino y la comida cubren generosos los manteles, alegran las almas de quienes los degustan, y dan pie a memorias, anécdotas, crónicas y chismes locales. Los pasos de baile también abundan, como las palmas y las voces de quienes corean canciones castellanas y leonesas tradicionales, reproducidas desde las gargantas y las guitarras de un grupo tan autóctono de esa tierra como su nombre: Orégano.

Álex Grijelmo, fuera de sus prestigiosos puestos de jefatura de la agencia EFE de noticias, de columnista estrella del diario El País y de fundador de Fundéu (Fundación del Español Urgente), entre otros muchos, da rienda suelta a las canciones cuyas letras narran la personalidad de su tierra, de su gente y, sobre todo, de su idioma.

Su infancia huele al pasto del campo de fútbol de su colegio, suena a sus compañeros malhablados que lo querían a pesar de sus continuas correcciones, y a las clases de sus profesores Cayo y Moquia, quienes lo hicieron enamorarse de las palabras. Sus once años están aún entre las páginas de la revista que improvisó con fotos pegadas con engrudo y garabatos –luego escritos a máquina- con sus amigos Luis y Jesús, sintiéndose periodista y comunicador desde ese entonces.

Con todo el camino que Álex Grijelmo ha recorrido desde su Burgos natal hasta Madrid, y el resto del mundo que ha leído sus opiniones y conclusiones sobre la lógica del lenguaje, las palabras y sus significados; este burgalés sigue siendo el personaje llano y sencillo que canta un castellano especiado con sus amigos del pueblo, que toma en cuenta el silencio y otros lenguajes no verbales para lograr una comunicación completa, y que nos enseña a través de cuentos, en donde hay genios y duendes, que las palabras son los embriones de las ideas que se nos ocurren y que cambian al mundo. Por eso es tan importante ser conscientes de cómo sus significados son flexibles según los contextos, los tonos, el humor y las actitudes.

En su libro La Seducción de las Palabras (2007) afirma que «Al adentrarnos en cada vocablo vemos un campo extenso en el que, sin saberlo, habremos de notar el olor del que se impregnó en cuantas ocasiones fue pronunciado». Su recomendación a quienes desean efectuar cambios significativos, progresar y alcanzar metas es la lectura:

«No se puede pensar sin palabras, no se puede argumentar sin palabras, y cuanto mayor sea tu vocabulario más posibilidades tendrás de construir argumentos y de convencer a los demás. Leed, la lectura es la base de todo, además, te da capacidad de concentración, y sobre todo la capacidad de abstracción»[11]

2. ¿Dime cómo hablas y te diré quién eres?

Esta es una frase de Jousin Palafox, TEDxTijuana, para resaltar la importancia que tiene el lenguaje en nuestras vidas. La deficiencia educativa de no saber cómo hablar y cómo usar de manera efectiva ese 7% que corresponde al lenguaje verbal hace que no proyectemos lo que queremos, que no impactemos a nuestro entorno y, en definitiva, que no logremos nuestros resultados de forma exitosa.

El tema es que tan solo tenemos 30 segundos, estadísticamente hablando, para cautivar a nuestra audiencia o a nuestro interlocutor. Y esos 30 segundos tienen que ser muy cuidados

---

[11] https://www.ted.com/talks/daniel_tammet_different_ways_of_knowing/transcript?language=en

porque son los que van a hacer que nosotros logremos captar la atención de la persona con la que vamos a hablar o del auditorio al que le vamos a presentar un tema determinado.

Las palabras nos definen por dos cosas: una, porque seguimos forzando y construyendo nuestro sistema de creencias, y dos, porque proyectan lo que somos, lo que pensamos y lo que sentimos.

Las palabras que nos decimos constantemente a nosotros mismos o aquellas que les decimos a otras personas sobre nosotros, configuran un discurso; vienen a ser marcas individuales que hablan de nuestro estado interno, de nuestro conocimiento, competencia y estructura de pensamiento.

Nuestras palabras son una fuente de información para el otro porque allí hay mucha información no explícita. Por la forma en que hablamos, transmitimos muchas de las cosas que nosotros pensamos. Por ejemplo. las muletillas y los conectores que usamos impactan de manera significativa en nuestro discurso y lo que proyectamos con él.

Los conectores que usamos enfocan nuestra atención y la de nuestros interlocutores sobre distintos aspectos de la experiencia. Lo hacen dándole relevancia a ciertos aspectos mientras que otros pasan a un segundo plano.

Ejemplos de conectores y sus diferencias:

- «Quiero alcanzar mi objetivo pero tengo un problema». Esta frase nos mueve a centrar nuestra preocupación sobre el problema.

- «Quiero alcanzar mi objetivo y tengo un problema». En esta frase, cuando el conector es «y» el resultado queda equilibrado.

- «Quiero alcanzar mi objetivo aunque tengo un problema». Cuando el conector es «aunque», se centra la atención en la primera frase de la oración. Se le da relieve al objetivo dejando el problema en segundo término.

Algunas personas funcionan con un patrón habitual que

minimiza constantemente el lado positivo de las experiencias o de las conversaciones. Son esas personas que cuando van a responder dicen: «*sí, pero…*». Lo que logran es proyectarse como personas negativas que están orientadas al «**no**» o que siempre tienen una excusa que anteponer ante cualquier situación o contexto.

Para estas personas, sustituir intencionalmente el conector «**pero**» o «**sí, pero**»… por «**aunque**» o «**y**», puede influir potencialmente en su discurso y en el logro de los resultados exitosos en sus interacciones.

3. Paralingüística o lenguaje no verbal

Además del lenguaje verbal, los psicólogos y sociólogos han invertido mucho tiempo en el estudio del *lenguaje no verbal* o *lenguaje corporal* y cómo éste afecta o impacta nuestras interacciones y el desarrollo de nuestra vida en general.

Emitimos juicios rápidos basados en él y según Amy Cudi[12], experta en el tema, esos juicios pueden predecir resultados verdaderamente vitales como:

- *¿A quién contratamos?*
- *¿A quién promovemos?*
- *¿Con quién negociamos?*

Es entonces cuando cobra mucha importancia conocer cómo nuestra fisiología y anatomía emocional nos puede ayudar en el logro de nuestros objetivos.

Otro fundamental es Stanley Keleman, autor de la teoría de la *Anatomía Emocional*, que resume cómo nuestro lenguaje no verbal habla de nuestros sentimientos y pensamientos con la siguiente sentencia: «*Como estamos dentro, nos organizamos fuera*».

Al aprender a leer cómo las emociones se proyectan de forma no verbal en nuestro cuerpo, podremos *re-organizar* nuestra

---

12   Amy Cuddy: El lenguaje corporal moldea nuestra identidad, 2012

postura y cambiar la emoción. Es decir, si aprendemos a *leer* nuestras emociones y nuestro lenguaje no verbal, seremos capaces de organizar el cuerpo para cambiar la emoción, hacer adaptaciones en formas de expresión, ser más asertivos en nuestras relaciones interpersonales y en los objetivos que deseamos lograr.

Lo importante es que podemos desarrollar la práctica y construir un buen lenguaje no verbal, teniendo consciencia de cómo esos micro comportamientos o macro comportamientos están hablando de lo que nosotros estamos sintiendo y de nuestro estado interno.

Diversos estudios e investigaciones como la del prestigioso psicólogo estadounidense Daniel Goleman, autor del libro *Inteligencia Emocional*, han demostrado que las personas capaces de controlar cómo son percibidos por los demás disfrutarán de un mayor éxito en la vida que quienes carecen de esta habilidad.

Como seres humanos, tenemos una emoción o comportamientos base, pero ante una emoción o creencia específica nuestra forma de proceder cambia y produce una determinada reacción, ya sea como micro expresión facial o un macro comportamiento.

Existen macro comportamientos universales que, incluso compartimos con el reino animal, se pueden clasificar en dos: *de apertura* o *de contención*. Indican estados internos emocionales que proyectamos al inconsciente de nuestros interlocutores.

Los *macro comportamientos de apertura* nos proyectan como personas seguras, fuertes, confiables, conocedores, empoderados de lo que estamos diciendo y haciendo. En resumen, como personas optimistas.

Por el contrario, los *macro comportamientos de contención*, nos proyectan como personas introvertidas, tímidas, con poco poco o ningún conocimiento del tema que estamos tratando. En resumen, como personas inseguras y débiles.

Estudios demuestran que una buena práctica, la simulación

de un lenguaje no verbal de apertura, nos puede llevar a la realización del mismo. La razón es que los macro comportamientos de apertura producen sustancias químicas, hormonas en nuestro cerebro, que van a incidir en nuestro estado emocional.

Puedes intentar ejercitarte en tener estos macro comportamientos de apertura conscientemente hasta que los vuelvas inconscientes; de esa forma verás los resultados en cómo los demás te van a percibir y cómo se van a sentir en tu compañía.

Macro comportamientos de apertura

- **En el rostro:** *como expresión facial tenemos micro comportamientos de apertura que van a proyectarnos como personas seguras, tranquilas, confiables. Uno es la mirada sostenida, la mirada de excelencia; cuando nos encontramos con un interlocutor pueden ser alrededor de 3 segundos y 4 segundos.*

- **La sonrisa auténtica:** *hay dos tipos de sonrisa que podemos diferenciar: la auténtica y la fingida. La primera es de mucha apertura, es abierta, explosiva, es una carcajada. Toda la musculatura se contrae, se producen arrugas y esto va directamente a impactar en las sustancias químicas que producen esas emociones de bienestar, felicidad y tranquilidad. La otra es la sonrisa fingida, de contención. La boca queda semi-abierta y la musculatura está rígida.*

- **Otros comportamientos de apertura universales se evidencian en las manos:**

  - *Tener las manos siempre abiertas, expuestas y mostrarlas.*

  - *Alzar los brazos.*

  - *Mostrar una posición recta, estar derecho, mirando siempre hacia adelante y un poquito hacia arriba nos proyecta como personas que tienen un estado emocional interno de mucha seguridad y bienestar.*

¿CÓMO DESARROLLAR LA ALTA COMPETENCIA?

Macro comportamientos de contención, todo lo contrario

Mientras que los macro comportamientos de apertura, nos engrandecen, nos hacen abrir espacios a nuestro alrededor, los macro comportamientos de contención nos empequeñecen, nos hacen ver encorvados, encogidos, con los hombros hacia adentro o con los brazos, rodillas y pies cruzados. Un macro comportamiento de contención es:

- *Tener la mirada hacia abajo.*

- *El rostro dirigido hacia abajo.*

De la teoría a la práctica

Debemos fijarnos en qué situaciones son recurrentes esas manifestaciones de macro comportamientos de contención, y cuando lo advirtamos el sólo hecho de fingir, simular que estamos bien, alzar los hombros, ponernos derecho, mirar hacia arriba y fijamente a la persona con la que estamos hablando hará que nuestro estado emocional cambie gracias a la química que ese pequeño cambio de postura nos genera.

Otros cambios que podemos hacer son colocar nuestras piernas una junto a la otra y si estamos de pie, abrir un poco las piernas; echar los hombros hacia atrás, ponernos bien derechos. En fin, seguir la máxima que dice: «si cambias la postura, cambias la emoción».

La recomendación es que hagas esto como práctica. Cuando adviertas que estás en un macro comportamiento o micro comportamiento de contención, cambia la postura, cambia el micro gesto y te darás cuenta que enseguida va a cambiar la emoción. Por supuesto requiere de auto observación, pero es es una práctica para conscientemente incorporar todos esos macro comportamientos de apertura y proyectarnos como personas seguras y altamente competentes en lo que nosotros estamos trabajando.

ILENE DAZA

Un hombre miraba el reloj en la parada del bus; aún queda por esperar. Con cara de resignación, saca una cajetilla de cigarrillos, se coloca uno en la comisura derecha de los labios y lo enciende con un mechero y el estilacho de cubrir la llama con toda la mano. Le da una calada profunda, exhala y vuelve a mirar el reloj con impaciencia. Le echa un vistazo al final de la calle, todavía vacía, y antes de la segunda calada alguien le pregunta qué hora es. Desmemoriado, vuelve a mirar el reloj y le responde, intercambiando algún comentario extra sobre el tiempo, probablemente.

La persona a su lado está leyendo el diario y manoteando el humo maloliente del cigarrillo; a su izquierda, alguien come una fruta cuyo jugo se escurre por su barbilla, brazo y ropa, y husmea en lo que el otro lee, quien se fastidia de la invasión en su espacio y se reduce en su puesto del banco. En su descuido de masticar con la boca abierta, el de la fruta escupe un trozo que le cae en el cuello del traje al que le sigue en la espera, quien furioso, se limpia y se ajusta el nudo de la corbata con vehemencia.

El siguiente ni se entera, solo sacude rítmicamente su cabeza mientras escucha música con sus cascos y sonríe pensando en quién sabe qué. Cierra el grupo una señora con un bebé en brazos que se ha meado, le moja la mano que lo palpa, y dicha mano se limpia en el brazo del adolescente, quien a su vez se limpia en el trajeado, quien pasa la ignominia al de la fruta, quien en su desastre no se inmuta. El del diario expresa un asco irreprimible y el del cigarrillo, bueno, apaga el cigarrillo con su infinita paciencia mientras espera el bus.

Esta escena de cuatro minutos ocurre sobre un escenario y sin más ruido que las risas del público. Las seis personas de la parada tienen un solo rostro y un solo cuerpo que logra investirse de seis realidades que expresan resignación, asco y disgusto, desorden, ira y arrogancia, abstracción y juventud, y maternidad innegable.

El mimo español Carlos Martínez no necesita palabras ni objetos para crear un contexto y comunicar un mensaje; admirador de Marcel Marceau, mimo de mimos, le rinde tributo con su rostro blanco y treinta y cinco años de carrera. Sin embargo, este artista del lenguaje corporal no se limita a un show para hacer reír y sentir a quien lo vea. Carlos Martínez se dio cuenta que su habilidad tenía que transmitirse en otros campos donde el lenguaje corporal sí puede crear una diferencia en el desarrollo de una profesión y diversos proyectos.

Es por esto que, además de sus espectáculos, Martínez imparte valiosos cursos a voluntarios de la Cruz Roja, docentes, médicos, empresarios, diplomáticos y directores de orquesta, quienes dentro de sus oficios respectivos deben cuidar su lenguaje corporal para transmitir mensajes completamente claros a sus interlocutores. Una ceja sonrisa amplia, un ceño fruncido, brazos cruzados, piernas cruzadas, la espalda derecha o encorvada, la cabeza ladeada, cada gesto es portador de un mensaje que puede confirmar o desdecir lo que articulan las palabras.

Ellos mismos comentan que «...participar en un taller o un seminario de Carlos Martínez abre nuevos horizontes... más allá de la frontera lingüística».[13]

4. Conversaciones potenciadoras: haz que las neuronas espejo jueguen a tu favor

«Somos el promedio de las 5 personas con las que pasamos la mayor parte de nuestro tiempo».

Con esta sentencia Jim Rohn escritor e investigador, conocido como el gran filósofo de los negocios, advierte sobre la significativa influencia que tiene en el logro de nuestras

---

[13] https://www.carlosmartinez.es/cursos/

metas los entornos cercanos y las personas con las que nos relacionamos en nuestro día a día. De allí la importancia de detenernos a revisar y reflexionar al respecto.

Esta premisa tiene como base científica las neuronas espejo. Giacomo Rizzolatti, profesor de fisiología y director del *Departamento de Neurociencias de la Universidad de Palma* descubrió que los seres humanos tenemos un grupo de neuronas que tienen un mecanismo análogo de reflejo a las acciones de otros. A este grupo de neuronas, Giacomo y su equipo las denominaron neuronas espejo ya que al ver una persona teniendo determinada acción o sentimiento, inconscientemente, nosotros también lo hacemos pues activamos los mismos músculos, tal y como lo hace nuestro interlocutor. Un claro ejemplo de ello es cuando una persona ríe o llora.

Un entorno sano favorece nuestras metas

Giacomo descubrió que estas neuronas le sirven al hombre para comprender e imitar como una forma de reforzar la cohesión social y la empatía. Sin embargo, ese mismo mecanismo espejo al ser inconsciente, activa hábitos y conductas, lenguaje e incluso emociones que nos perjudican.

Por ello, y como ejercicio práctico, es importante revisar esos entornos y diseñarlos o rediseñarlos de acuerdo a nuestros sueños, objetivos e intereses. La invitación es a conversar con personas que te potencien, que hayan recorrido el camino que tú quieres recorrer; que tengan esas habilidades que tú quieres incorporar o que tengan desarrollada una *alta competencia* en su área, cualquiera que sea.

Relacionarte con personas que te sumen y te multipliquen, y no que te resten o dividan, va a hacer que tengas un entorno saludable acorde a esas metas y objetivos que quieres lograr.

De la teoría a la práctica

Rediseña tu entorno

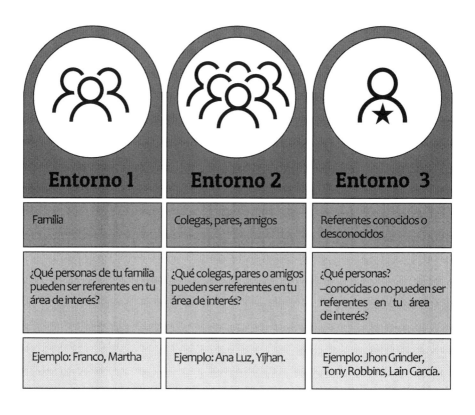

Entorno 1	Entorno 2	Entorno 3
Familia	Colegas, pares, amigos	Referentes conocidos o desconocidos
¿Qué personas de tu familia pueden ser referentes en tu área de interés?	¿Qué colegas, pares o amigos pueden ser referentes en tu área de interés?	¿Qué personas? —conocidas o no–pueden ser referentes en tu área de interés?
Ejemplo: Franco, Martha	Ejemplo: Ana Luz, Yijhan.	Ejemplo: Jhon Grinder, Tony Robbins, Lain García.

Había una vez un puerto frío y gris la mayor parte del año. Había una vez un hombre frío y gris que abandonó a su mujer con sus cuatro hijos, uno de ellos con graves problemas de salud. Había una vez un sanatorio, frío y gris también, donde ese niño pasó sus primeros años internado con una enfermedad grave y común en esa época de los años 40. En medio de ese clima, de esa enfermedad igual de triste y aislado de su familia, el pequeño Richard Starkey tenía todas las razones para no *querer vivir, o al menos solo llegar a estar muerto en vida, frío y gris como su contexto.*

Pero aún en los puertos más fríos y más grises el sol viene y llena de energía y ganas a cualquier criatura que los deambule. Ese sol vino y estuvo presente en la compañía potenciadora de las enfermeras que lo cuidaron y estimularon a encontrar el ritmo y el «tumbao» dentro de sí mismo. Y se descubrió en los compases y notas de distintos instrumentos hasta que, golpeando rítmicamente la mesita al lado de su cama de hospital, descubrió entonces cuál era el que lo haría brillar como ese sol.

Ya restablecido y de vuelta en casa, vio que el sol también había venido a la vida de su pobre madre, personificado en un padrastro poco común en los cuentos de hadas, que sí la amó a ella, sí lo amó a él y a sus hermanos. Y ese padrastro tan bueno también potenció al pequeño Richard confirmándole que sí tenía talento, y que sí valía la pena recuperar la salud y estar alegre. Y le regaló su primer set de batería.

El pequeño Richard ya no fue tan pequeño ni tan frágil. Se aficionó a los anillos («rings» en inglés), a la música folk americana y al recién nacido rock n' roll, en las voces y notas de Carl Perkins, Chuck Berry y varios más. Participó en algunas bandas, período en el que decidió acortar su nombre e impregnarlo de su esencia, y entonces fue Ringo Starr.

Pronto fue elegido por el productor George Martin para suplantar a Pete Best, y darle así un toque especial que le faltaba a un grupete que comenzaba a causar furor en el mercado musical. Y se convirtió en un Beatle más, una voz solista en cada álbum, y la causa de varios desmayos femeninos en los conciertos alrededor del mundo, vestido y peinado al igual que John, Paul y George –que mantuvieron una estrecha amistad con él incluso después de la disolución de la famosísima banda-, pero manteniendo una individualidad nítida que lo hacía diferente de cualquier otro.

No tenía una gran voz, ni un gran verbo, ni un gran ritmo, pero sí un gran carisma alimentado por «una pequeña ayuda de sus amigos» y de la gente que lo ha conocido y querido siempre. Con esa pequeña ayuda de quienes lo rodearon, con sus palabras de aliento y conversación potenciadora: cantó, tocó, compuso, actuó en películas, viajó, se enamoró, experimentó, se hizo el baterista más rico del mundo, y siguió con la misma alegría y bonachonería que siempre lo caracterizaron desde su período de tuberculosis infantil y su cama de hospital, cuando era solo el pequeño Richard Starkey, abandonado por su padre en ese puerto frío y gris llamado Liverpool.

5. Comunica tus metas

Segúnla RAE, la motivación es el conjunto de factores internos o externos que determinan en parte las acciones de una persona. En este libro, hemos brindado información y herramientas prácticas de factores internos para alcanzar un nivel de desempeño óptimo. En cuanto a los factores externos hay uno que es fundamental y que potencia nuestra motivación y el logro de objetivos.

Se trata de comunicar a ciertas personas de nuestro entorno afectivo esa meta, ese reto, ese paso superior que queremos dar. Por experiencia propia, he comprobado que si le hablamos a otros de nuestros planes se genera una especie de compromiso público que nos lleva a enfocarnos en el objetivo deseado y a culminarlo en un tiempo específico.

La procastinación o tendencia a diferir o aplazar las metas, se ve interrumpida cuando nos apalancamos en esta estrategia. Te puedo asegurar que cuando compartes tu meta públicamente, tu motivación aumenta. De alguna manera, está comprometida tu reputación y tienes un impulso mayor que te lleva a actuar.

Al respecto Tony Robbins.[14], experto en el campo de la psicología, la mejora personal y profesional, dice: «*cuando tengas una meta que cumplir, llama a alguien y cuéntale*».

Concluyo este importante punto, diciendo que no se trata de publicar en redes sociales o compartirle a cualquier persona nuestros sueños o anhelos más íntimos. Esa otra persona debe ser alguien especial, alguien que nos quiere bien y desea nuestra felicidad y nuestro bienestar.

Ese autobús escolar que viajaba a través del valle de Swat, entre matorrales que abrazaban una carretera irregular y llena de incertidumbre, no era amarillo, de asientos cómodos y ventanas seguras como el de Forrest Gump. El autobús escolar donde iban Malala y varias niñas más tenía un piso improvisado de tablas de madera dentro de un camión destartalado, sin ningún recurso de seguridad. Por lo tanto, nada impidió que se subiera un miliciano del Tehreek-e-Taliban Pakistán a dispararle tres veces, hiriéndola en la cabeza, cara y cuello. ¿La razón? Los contenidos compartidos en un blog, clamando el coartado derecho de educación para las niñas en ese país y manifestando una profunda protesta social contra la ocupación de los talibanes en su región.

Una adolescente, un seudónimo, un diario virtual y la exigencia de un derecho básico no significan nada extraño en la sociedad occidental. No hay escándalo, ni reacciones violentas ni represalias extremas. Movamos este formato a Mingora, Pakistán; a una sociedad de mujeres cubiertas, de ojos bajos y silenciadas desde su nacimiento y durante toda su vida, so pena de una bala, de ácido que deforma la cara o de un montón de piedras. En medio de esta sociedad nació Malala Maka Yousafzai en Khyber Pakhtunkhwa, noroeste de Pakistán, dentro de una familia musulmana sunita de la etnia pastún.

Del bus a una ambulancia, luego un helicóptero,

---

14 https://www.tonyrobbinsspain.com

¿CÓMO DESARROLLAR LA ALTA COMPETENCIA?

luego un hospital militar y un quirófano. Al apoyo médico que le salvó la vida se sumó un apoyo moral internacional que la llevó de ser una muy joven bloguera escondida tras el seudónimo de Gul Makai a reforzar su propia identidad; es así como se llama su libro, en donde cuenta su historia de inquietudes, inconformidad, deseos de superación, del ataque que sufrió y cómo ese revés la empoderó en lugar de enterrarla en el olvido más absoluto: «Yo soy Malala».

Desde ese bus y ese ataque, hasta la Organización de las Naciones Unidas, el Nóbel de la Paz en 2014 y la portada de la revista Time por tres años consecutivos.

Comunicar nuestras metas y propósitos a veces no le cae bien a todo el mundo, sobre todo a quienes no les conviene que esas metas y propósitos se cumplan. El ataque del bus escolar se generó a causa de la voz alzada de esta chica. Desde los diez años, Malala se enfocó en comunicar su propósito y sus metas de provocar un cambio rotundo en los protocolos sociales de su país. Sigue hoy alzando su voz desde podios mucho más prestigiosos y poderosos alrededor del mundo. en lugar de un rincón olvidado en el valle de Swat; sigue hablando por todos los que no pueden hablar, por quienes necesitan educación, por quienes han sido víctimas de violencia como ella lo fue, por los que están y por los que ya no están.

Habla desde su sari, que la envuelve en su tela enorme como la envuelven sus convicciones, sus principios, su valentía, su coraje y su gran poder de comunicación.

En resumen, tanto el lenguaje verbal como el corporal inciden definitivamente en el desarrollo de una alta competencia:

- Con respecto al lenguaje verbal, tenemos que aprender a manejarlo con propiedad, pues los logros y los fracasos humanos siempre han implicado la utilización del lenguaje. Algunas personas funcionan con un patrón habitual que minimiza constantemente el lado positivo de las experiencias o de las conversaciones, proyectándose como personas negativas.

- Con respecto al lenguaje no verbal, son una expresión de nuestros sentimientos y pensamientos, expresan nuestras emociones en cuestión de segundos. Nos sirve para saber cómo nos estamos proyectando y para ser más asertivos en nuestra comunicación, dependiendo del objetivo que queremos lograr.

- Está demostrado científicamente que alrededor del 80% de la comunicación son los micros gestos y los macro comportamientos. También hace parte de este porcentaje, el tono y el volumen de la voz.

- *«Somos el promedio de las 5 personas con las que pasamos la mayor parte de nuestro tiempo».*

- Los entornos cercanos y las personas con las que nos relacionamos diariamente tienen una significativa influencia en nuestras emociones y en el logro de nuestras metas. Es importante revisar nuestros entornos y diseñarlos o rediseñarlos de acuerdo a nuestros sueños, emociones, objetivos e intereses.

- *«Cuando tengas una meta que cumplir, llama a alguien y cuéntale».* Al compartir con una persona de nuestro entorno de confianza acerca de nuestros planes, se genera una especie de compromiso público que nos lleva a enfocarnos en el objetivo deseado y a culminarlo en un tiempo específico.

¿CÓMO DESARROLLAR LA ALTA COMPETENCIA?

Escribe 3 acciones concretas y observables que puedas aplicar a tu día a día a partir de lo que has aprendido en este capítulo. Acciones que te llevarán a avanzar y que van a generar un impacto en esta dimensión:

1._____

_____

_____

_____

_____

2._____

_____

_____

_____

_____

3._____

_____

_____

_____

_____

ILENE DAZA

Capítulo III
Usa la emoción como máximo recurso

1. El condicionamiento emocional

El condicionamiento emocional determina nuestras acciones en el día a día. De allí la importancia de la *neuroemoción,* que es el estudio de cómo los pensamientos y las emociones impactan nuestros comportamientos. El gran reto como personas y ejecutivos de éxito, es aprender a desarrollar independencia emocional, bienestar permanente y un estado de conciencia positivo. Lo más importante es que estas actitudes perduren en el tiempo.

Para alcanzar una meta y diseñar un plan de acción exitoso, debemos estar muy atentos a las emociones que estamos sintiendo. Entonces, ¿cómo lograr estados emocionales que nos aseguren bienestar y un alto desempeño en el logro de nuestros objetivos? La teoría de la *Anatomía Emocional* nos da la respuesta y nos guía en el camino.

Las emociones son el máximo recurso con el que contamos para alcanzar nuestros objetivos. Entrenarnos en adoptar las aptitudes emocionales de alto desempeño incide de manera significativa en los estados de excelencia de una persona, familia, equipo y organización.

Cuando no tenemos los pensamientos y emociones adecuados podemos alterar nuestras capacidades cognitivas, funciones neuronales, recursos internos, motivación y relación con nuestro entorno. Las emociones son parte fundamental en nuestro día a día. Determinan cómo actuamos, cómo nos relacionamos y cómo nos motivamos.

Cuando estamos en estados emocionales de bajo desempeño, obstaculizamos todo lo que sabemos y no tenemos las herramientas para ser creativos o para tomar las decisiones adecuadas ¡Nos bloqueamos! De allí la importancia de integrar la neuroemoción a nuestra práctica diaria. Se trata de aprender a reconocer las emociones y aceptarlas. Para entender:

- *¿Qué sucede en nuestro cerebro cuando recibimos un estímulo del entorno?*

- *¿Cómo se forman las emociones?*

¿CÓMO DESARROLLAR LA ALTA COMPETENCIA?

- *¿Cómo llegan los pensamientos?*

Hay que remitirse a la teoría del *Cerebro Triuno* y sus estructuras, pues de allí parte todo el estudio del lenguaje no verbal. Clasifica las funciones de cada estructura cerebral en tres áreas específicas:

a. **Cerebro reptiliano**: encargado de las respuestas rápidas, mecánicas, automáticas, inconscientes a determinados estímulos. Se manifiesta en conductas de supervivencia como atacar, defenderse o huir. Está presente en nuestro día a día.

b. **Sistema o estructura límbica:** clasifica las experiencias en *agradables* o *desagradables*. Evalúa y almacena la información del entorno, albergando recuerdos relacionados con ciertas emociones de acuerdo a la experiencia vivida.

c. **El neocórtex:** es la última estructura evolutiva responsable de los procesos de razón, planeación, lenguaje, creatividad, estrategia y estructura. La neocorteza comprende el hemisferio derecho, responsable de los procesos creativos y el hemisferio izquierdo, responsable de todos los procesos lógicos.

Es así como ante un estímulo del entorno, lo que sucede en nuestro cerebro es que lo recibe de forma visual, llega directamente al sistema límbico y se aloja en el tálamo donde se procesa la información sensorial de los cinco sentidos. Allí es donde recibimos los datos y los clasificamos en *agradables* o *desagradables*. Esto sucede en milésimas de segundos.

Luego, la información pasa a la neocorteza. Allí razonamos lo que acabamos de recibir y enviamos esa información a la amígdala (región del sistema límbico) donde *se produce una emoción o una acción*.

Lo interesante es que se han producido nuevos hallazgos en los estudios del cerebro y se ha descubierto que gran parte de los estímulos que recibimos del entorno se van directamente del tálamo a la amígdala, sin pasar por la neocorteza. Esto explicaría reacciones indeseadas que además no podemos controlar porque biológicamente ha sido diseñado de esa manera.

La información del *Cerebro Triuno* es clave para lograr emociones de alto desempeño. Pero, más allá de alcanzar estados emocionales adecuados para ciertas metas específicas en un momento determinado, necesitamos técnicas y metodologías que nos aseguren bienestar permanente y un estado de conciencia positivo que se mantenga a largo plazo.

Las emociones desde la química del cerebro

Recordemos que ante cualquier estímulo, los seres humanos *primero sentimos y después pensamos*, mostrando emociones en nuestro rostro y cuerpo de forma inconsciente y en fracciones de segundos.

En el sistema límbico, específicamente en el hipocampo, se generan las sustancias químicas que determinan nuestro estado emocional. Estas sustancias son los neurotransmisores que conocemos como: cortisol, dopamina, oxitocina, endorfinas y adrenalina.

Asociadas con el estrés, están el cortisol y la adrenalina. Y con el bienestar, la felicidad, la tranquilidad y la alegría están la dopamina, la oxitocina y las endorfinas.

No somos conscientes de la producción química ante un estímulo; es algo biológico e inconsciente. Pero sí hay herramientas para activar esas sustancias químicas en nuestro cerebro y lograr el estado emocional que necesitamos.

El objetivo es conocer y adoptar actitudes emocionales de alto desempeño. Y, ¿cuáles son esas actitudes que nos permiten la realización efectiva de nuestros objetivos? Las emociones que podemos cultivar diariamente:

- *Pasión*
- *Felicidad*
- *Entusiasmo*

- *Alegría*

Ante un estado de ánimo permanente de bajo desempeño, de contención, tenemos que buscar herramientas contundentes que nos saquen de allí. Y eso no puede ser semanal o mensual, tiene que ser diario. Es una forma efectiva de regularnos y subir nuestro estado emocional.

El desánimo puede prolongarse en el tiempo y se produce por el cúmulo de emociones que vamos teniendo momento a momento y que son más breves. La suma de emociones negativas, -estrés, ansiedad, preocupación- lo que genera es un estado de ánimo de bajo desempeño.

Antes de enfocarnos en un plan de acción para un objetivo específico, debemos atender nuestro estado emocional. Es lo que nos permitirá ser creativos y estar motivados.

Las emociones dictaminan nuestras acciones, nuestra fisiología y nuestro modo de operar.

 ## De la teoría a la práctica

Actividades que te generan dopamina

Toma lápiz y papel y haz una lista de mínimo 15 actividades que te generen estados de alto desempeño. Deben ser prácticas realistas y alcanzables que puedas hacer en tu día a día. **Por ejemplo:**

- *Escuchar mi canción favorita del momento.*
- *Llamar a una amiga/o con el que me rio mucho.*
- *Ver algún video divertido.*

Veamos un caso real:

> *Luisa, es una profesional, recién casada y se acaba de mudar a una nueva ciudad. Comenzó a tener estados emocionales de bajo de desempeño: no conseguía trabajo, no tenía amistades y la*

relación con su esposo iba en gradual deterioro. Ella definitivamente no se quería sentir así, quería salir de allí, pero no tenía las herramientas para lograrlo.

Como coach, la ayudé a activar sus neuro-reguladores emocionales y le pedí que hiciera una lista de actividades que le generaran placer, bienestar, alegría, entusiasmo, paz y felicidad.

15 días después de estar haciendo esas actividades comenzó a experimentar un mejor estado de ánimo. Al mes había hecho amigas en el gimnasio donde se inscribió. También organizó con su esposo viajes a la playa los fines de semana, lo que se tradujo es una mejor interacción y comunicación entre ellos. Finalmente, consiguió empleo, y su proceso de coaching terminó con el compromiso de seguir reforzando su lista de actividades y reafirmando sus conexiones neuronales de alto desempeño. Comprendió que al hacerlo mejorarían diferentes áreas de su vida.

Vale la pena aclarar que en coaching, hablamos de estados emocionales de bajo desempeño, no de depresión la cual debe ser tratada por un psicólogo o un terapeuta. Si el coach detecta que la persona no puede superar por sí misma ese estado permanente de desánimo, por ética debe reasignarla con un especialista o hacer el proceso de coaching en paralelo en caso de ser viable.

Agradecer, dar y ayudar.

Estudios de la neurociencia y la biociencia nos confirman que *agradecer, dar y ayudar* son acciones fundamentales para potenciar la producción de sustancias químicas que generan bienestar, un estado de ánimo de alto desempeño, creatividad y relacionamiento.

- *¿Qué pasa en nuestro cerebro cuando agradecemos?*
- *¿Cuál es el impacto que tiene en nuestras vidas?*

¿CÓMO DESARROLLAR LA ALTA COMPETENCIA?

Conocer el proceso químico que se produce en nuestro cerebro le da más validez al conocimiento que existe al respecto y nos motiva a incorporar estas herramientas en nuestra vida diaria. *Debe ser un compromiso diario.*

Se ha demostrado que los sentimientos de gratitud activan el sistema nervioso parasimpático, es responsable de incrementar la serotonina, cuya función es producir calma y paz en nuestro cuerpo. Así lo confirma, un estudio del *Institute Heartmath* de Palo Alto, California (HeartMath Institute 2018).

La gratitud se vincula también con una reducción de las pulsaciones del corazón, que ayuda al sistema cardiovascular y a la salud, en general. Por último, practicar esta actitud incrementa la producción de dopamina (mejor conocida como la *hormona de la felicidad*) y de los estados emocionales placenteros. Como resultado, favorecemos nuestra capacidad de atención, logramos una mayor motivación y valoramos más los beneficios recibidos. Agradecer lo que vivimos en el día a día, incrementa -desde la química- los estados emocionales.

Dar o ayudar a otros aumenta la función en la región cerebral relacionada con la recompensa (sistema límbico). Se incrementan los niveles de dopamina, oxitocina y la actividad en el área septal que desempeña un rol importante en la reducción del estrés.

Recordemos que la dopamina es la hormona asociada con la felicidad, la alegría y el entusiasmo, mientras que la hormona de la oxitocina activa los vínculos y el amor. Este hallazgo fue hecho por la *Universidad de California en Los Ángeles* (University of California 2018), referente y pionera en el estudio del funcionamiento del cerebro.

Durante mucho tiempo, existía la creencia que ayudar era favorecer la reciprocidad. «*Si yo ayudo, en algún momento también esa persona u otra me va a ayudar a mí*».

Hoy, gracias a la UCLA sabemos que al ayudar a otros, también nos ayudamos a nosotros mismos. ¿La razón?, como ya se mencionó, es que producimos dopamina, oxitocina, aumentamos nuestro estado emocional y reducimos la tensión. Es una explicación científica y biológica que se resume en que incrementamos nuestra química positiva.

Implementar los Random Acts of Kindness (RAKS) o «pequeños gestos de amabilidad».

El uso de esta herramienta es común en comunidades internacionales, fundaciones y ONG's. No se trata de hacer grandes donaciones o de ayudar a una fundación con sumas de dinero cuantiosas sino de generar, en el día a día, RAKS con alguna persona porque eso nos va ayudar a subir la química y a tener un mejor estado emocional. Veamos un caso real:

> *Julia, de 73 años, es orientadora familiar y psicóloga. Tiene mucho carisma y don de servicio.*
>
> *Como coach, quise conocer su estrategia para ganarse la confianza y el cariño de pacientes, familiares y amigos. Cada vez que se encontraba con algún conocido, resaltaba algo positivo de esa persona; lo halagaba y le decía frases como:*
>
> - *«Que linda estás hoy»*
> - *«Te queda muy bien ese vestido»*
> - *«Que aretes tan hermosos llevas»*
> - *«Que bonita esa camisa o corbata»*
>
> *Era algo que hacía muy frecuente y espontáneamente. A cambio, recibía una gran sonrisa de su interlocutor y mucho entusiasmo para iniciar una conversación. Generaba una sensación de bienestar en el otro y deseos de querer seguir hablando con ella.*
>
> *Su estrategia es impecable porque cada frase es honesta y real. Si le dice a alguien: «tu camisa es muy bonita», es porque así lo cree.*
>
> *Les confieso que se trata de mi madre. Yo le hago modelaje en su manera de empatizar tan rápido con las personas y espero, algún día, tener la habilidad que ella tiene.*

¿CÓMO DESARROLLAR LA ALTA COMPETENCIA?

Recordemos que un pequeño acto de amabilidad, puede cambiar el día de una persona.

Todos podemos modelar a aquellos relacionados que tienen habilidades innatas e implementar en nuestras vidas esa herramienta tan simple, pero poderosa, y al mismo tiempo ayudar a que otros lo hagan diariamente.

Asimismo, considera:

- **Corporalidad de apertura:** *se manifiesta en tener las manos abiertas, estar erguidos o mirar de frente a la otra persona. Fisiológicamente, estos gestos favorecen un estado emocional muy diferente a cuando estamos en estados de contención: encorvados o mirando hacia abajo, sin el oxígeno suficiente para actuar de una manera segura y mucho más abierta. Eso lo facilita la corporalidad de apertura.*

- **Micro expresiones faciales de bienestar:** *sonreír más. El sólo acto de sonreír muchas veces al día nos ayuda, fisiológicamente, en nuestro cuerpo y mente, modifica nuestros estados emocionales.*

- **Respiración consciente y condicionamiento físico de tranquilidad:** *el mindfullness o atención plena es una técnica muy efectiva para respirar mejor y alcanzar la relajación. Recordemos que «respirar a medias es vivir a medias».*

  Los reflectores proyectan sus luces sobre su figura alta y esbelta, haciéndola brillar como nadie bajo su cabello alborotado y sus célebres piernas en medio del escenario. Ella se convirtió en una reina, surgida de campos de algodón de Tennessee, de abandonos y carencias, de un amor tóxico y violento, de un talento majestuoso y tan sentido como su voz áspera, aguda y perfecta en su estilo.

  Se llamaba Anna Mae Bullock y vivió con su abuela después de la separación de sus padres adoptivos por causas de violencia doméstica. Cuando su abuela murió, Anna Mae se trasladó a St. Louis a vivir con su madre y su hermana, haciendo trabajos de empleada doméstica y auxiliar de enfermería en su adolescencia y mediocres años escolares; de hecho, pensó en certificarse como enfermera.

Ike Turner la descubrió en su juventud mientras cantaba con su hermana en el Manhattan Club y, durante los años que pasaron juntos como marido y mujer, la vació tanto de sí misma, la drenó tanto a partir de sus inseguridades y desconfianza, que le quitó hasta su nombre. Ya no era Anna Mae; ya no era la nieta de su abuela, ya no era la invisible amateur. Y ahí pasó a ser Tina Turner, esposa de Ike e intérprete de sus composiciones.

Tina ha logrado sostenerse sobre sus emblemáticas piernas y un condicionamiento emocional contra el viento y la marea de circunstancias que, a sus 79 años, han pugnado barrer su vida, sin que hayan tenido éxito. Ha estado en la cresta de la ola, pero la fuerza de los golpes y abusos de Ike la la sumergieron hasta el fondo y, cuando lo tocó, decidió divorciarse, quedándose con sus hijos, unos pocos centavos y cupones de subvención del Estado para sobrevivir.

La reina del rock, según le contó a Oprah Winfrey en una entrevista[15], tuvo hasta que limpiar casas para alimentar a sus hijos; fue una Cenicienta de los 70 sin otra hada madrina que su actitud serena, siempre positiva y optimista.

Parte de su estabilidad emocional, de acuerdo a sus palabras, se lo debe a una profunda actividad espiritual que, si bien es laica y atea (el budismo de Nichiren Daishonin), coincide con el sentido consciente y pleno de enfrentar cada situación de su presente con coraje y valentía, sin desistir jamás.

Un derrame cerebral luego de una boda de ensueño con un hombre maravilloso, un diagnóstico aterrador de cáncer intestinal y el

---

15 https://www.oprah.com/omagazine/oprahs-interview-with-tina-turner/all

suicidio de su hijo Craig la habrían vuelto trizas como a cualquier ser humano. Pero Tina Turner, fuerte y constante como su puesta en escena, confronta cada obstáculo salvándolo desde una condición superior a la que todos –si se logra identificar- tienen acceso porque forma parte de nuestra naturaleza.

2. Motivación: cuando la autogestión y el propósito impulsan la acción

En 1980, una joven americana decidió estudiar diseño interior. Mientras lo hacía, fue contratada como aprendiz de gerencia en la importante cadena de tiendas Kmart. Meses después, renunció para inscribirse en un concurso de belleza. Quedó en primer lugar pero se retiró antes de culminar su reinado.

Finalmente se graduó, aunque no ejerció su carrera. A los 31 años, desempleada, divorciada y con tres hijos que mantener, se ofreció para trabajar gratis como archivadora en un bufete de abogados. Fue en ese lugar donde, a pesar de no recibir ni un dólar, descubrió su verdadero propósito por accidente.

Sin haber estudiado derecho, reunió evidencias para ganar un caso contra una poderosa corporación de gas y electricidad. ¿Qué la motivó?, defender el bienestar de su comunidad ante una amenaza de contaminación. Esta es la historia de Erin Brockovich, quien inspiró el guión de la exitosa película del mismo nombre que muestra todo lo que puede lograr cuando una persona motivada.

De la motivación 2.0 a la motivación 3.0

Daniel H. Pink, abogado egresado de Yale, se ha dedicado a estudiar el tema de la motivación. Ha recopilado evidencia científica para demostrar que las *gratificaciones extrínsecas* ya no son el recurso más efectivo para impulsar a las personas a trabajar. Nos referimos a bonos, comisiones, recompensas económicas y materiales que ofrecen actualmente las empresas.

Este tipo de gratificaciones son parte de un sistema operativo denominado *motivación 2.0*, un mecanismo creado para satisfacer las necesidades de una sociedad que abría paso a la era de la industrialización. Se trata de un modelo basado en premios/castigos para garantizar el funcionamiento de esa economía: *se da una recompensa por el comportamiento adecuado o un castigo para evitar conductas indeseables*[16].

Nuestra sociedad ha cambiado. Se ha desarrollado una inteligencia artificial que puede suplantar al hombre en labores mecánicas, básicas de la era industrial. El mundo actual exige destrezas más avanzadas. Los trabajos de ahora son más complejos, requieren mayor creatividad y razonamiento. Se ha hecho necesario actualizar nuestro sistema operativo.

En 2005, el Banco de la Reserva Federal de los Estados Unidos financió una investigación en la que participaron economistas de alto perfil académico como sujetos de prueba. Se observó que los incentivos económicos funcionaban bien en la resolución de tareas mecánicas, mientras que para ejercicios cognitivos estos estímulos generaban un impacto negativo.

Los resultados de ese experimento (realizado en diferentes partes del mundo) permitieron concluir que, mientras más alta es la recompensa ofrecida por el uso de habilidades cognitivas, peor es el desempeño del individuo.

La ciencia social ha arrojado importantes hallazgos que facilitan una mayor comprensión sobre la motivación personal y sus aristas. Se ha podido determinar que *las gratificaciones intrínsecas* son más efectivas hoy en día para potenciar la productividad de una empresa. Nos referimos al concepto de *motivación 3.0.*

A pesar de los beneficios que aporta este sistema operativo 3.0, las empresas (en su mayoría) continúan aferradas a un

---

16 Daniel Pink explica este sistema premio-castigo su charla de TED (La sorprendente ciencia de la motivación,2009) con la analogía "zanahorias y palos". La zanahoria (el bocado dulce) para reforzar acciones, los palos para desaprobar.

modelo arcaico que ha sido, por mucho tiempo, nuestra base organizativa para impulsar el desarrollo socio-económico, pero ya no es sustentable en la praxis. Es como prender velas para alumbrar una casa en vez de usar bombillos, que sería lo más práctico.

Autonomía, maestría y propósito

Es pertinente hablar ahora sobre los motores de la *motivación 3.0: autonomía, maestría y propósito.* Tres patas robustas que sostienen la mesa. Hacerlas parte de un ecosistema laboral ayudaría a equilibrar y provocar grandes mejoras en el rendimiento de un negocio (ejemplo: Google, Wikipedia).

Autonomía se refiere al impulso de hacer algo por nosotros mismos. Las nociones tradicionales de gerencia son útiles para conseguir obediencia, pero la *autogestión* es un criterio más acertado, si el objetivo es forjar una actitud de compromiso. Por esta razón, es importante que los empleados dispongan de cierta libertad para elegir su propio horario, metodología y/o lugar de trabajo. Un ejemplo de empresa que ofrece autonomía es *Patagonia Inc.*, fundada en 1973 y establecida muy cerca del mar en California. Permite que sus empleados salgan a surfear olas, antes o después de una reunión, lo cual ha creado en ellos un fuerte sentido de pertenencia y responsabilidad.

La autonomía genera una placentera sensación que deriva en *constancia y actitud positiva, necesarias para un alto rendimiento. También facilita la concentración y el pensamiento conceptual.*

Opuesto a este sistema sería la figura de un jefe que está detrás de sus empleados todo el tiempo para que cumplan sus deberes como a él le parece, o un departamento de recursos humanos demasiado estricto con las horas de llegada. Este tipo de dinámicas limitan el poder de decisión del trabajador haciéndole sentir atrapado en una rutina muy tediosa.

El segundo pilar intrínseco que mencionamos, **la maestría** está relacionado con el aprendizaje. Cuando algo realmente nos importa tenemos el constante apetito de mejorar en ello, estamos dispuestos a absorber nuevos conocimientos, lo cual potencia el desarrollo de nuevas habilidades. El interés nos conduce por un camino de pericia y excelencia.

La maestría no es más que el dominio de un tema que nos apasiona. El psicólogo Mihályi Csíkszentmihályi ha estudiado a personajes destacados en diferentes áreas como la música, el arte y el deporte para establecer su *teoría del flujo*. Según sus observaciones, nos encontramos en estado de flujo cuando hay un perfecto equilibrio entre lo que tenemos que hacer y el resultado de nuestra actividad.

El ex atleta jamaiquino Usain Bolt, ganador de once títulos mundiales y ocho olímpicos, quien afirma que «*el deseo es la clave para triunfar*». La aspiración de llegar a la meta nos impulsa a romper con creencias limitantes que obstaculizan, como en el caso de Erin Brockovich cuando se planteó ganar una demanda sin ser abogada. Simplemente se enfocó en aprender para vencer.

Autonomía y maestría están muy ligadas a la idea del **propósito.** Tener un motivo para accionar es lo que nos da la fuerza necesaria para vivir con energía y probar las mieles del triunfo. Un emprendedor debe tenerlo en su mira. Esto no quiere decir que el dinero no sea importante. Sí lo es, pero la finalidad es tan o más relevante en términos de productividad. Las personas exitosas ven el dinero como un medio para avanzar hacia su misión.

¿Por qué las empresas tienen misión, visión, valores y objetivos? Precisamente porque necesitan tener una dirección, una finalidad en el mercado, al igual que todo individuo necesita encontrar su finalidad en la vida.

Entorno y motivación

La *motivación* 3.0 está muy ligada con la forma en que percibimos el entorno. Daniel H. Pink identifica en su trabajo que el sistema operativo 3.0 está ligado al tipo de *conducta I*, alimentada por deseos intrínsecos. Se manifiesta en personas que invierten tiempo en una actividad porque les produce agrado y no por las gratificaciones externas que puedan recibir.

Bill Gates declaró en una entrevista a *Forbes* que siente amor por la ciencia y está muy comprometido con el objetivo de erradicar enfermedades a través de nuevas tecnologías en las que está dispuesto a invertir. Así piensa una persona con tendencia predominante al tipo de *conducta I*.

La *conducta X* se asocia más a los estímulos externos y está muy presente en individuos que no se preocupan mucho por la satisfacción inherente a una actividad. Este sería el caso del personaje Gollum en la película «*El señor de los anillos*», cuyo foco principal era retener en sus manos un objeto valioso.

Nadie presenta una conducta puramente de *tipo I* o de *tipo X*. Lo cierto es que toda empresa con intenciones de crecer, mantenerse o mejorar sus resultados tiene en sus manos la opción de hacer el paso, como Erin, de un viejo esquema que no aporta resultados a un exitoso presente impulsado por el deseo de lograr un mundo más constructivo.

La brisa entra suave a través de las cortinas vaporosas y sobrias de ese quinto piso construido sobre rojos ladrillos frente a la concurrida séptima, y trae consigo los olores verdes a musgo y rocío de la montaña que por casi noventa años le ha dado fondo a la vida de este visionario y emprendedor de los medios de comunicación en Colombia, Julio Enrique Sánchez Vanegas. Su hermosa esposa le trae una bufanda y un jersey «para que no vaya a coger una gripa, Julio».

Huérfano de padre y sin hermanos, en el acogedor salón familiar de su casa en Bogotá, cuenta los oficios que desde muy joven tuvo que ejercer para poder comer. Que no tenía mucho en el bolsillo, pero sí un montón de sueños que lo hacían sentirse más rico que Rockefeller. Que se enamoró de esa chica alta, elegante, esbelta, de maneras suaves y exóticas llamada Lili Cristo, una bella bogotana hija de inmigrantes libaneses. Que por ella y por aprovechar su vida en lugar de quedarse esperando, rechazó posibilidades a las puertas de Hollywood ofrecidas por el director Dino de Laurentis y, a pesar del resquemor del suegro, se robó un día a la bella Lili para casarse, y más nunca la dejó.

Con Lili ha vivido las verdes y las maduras y ha aprendido a comer kibbeh y taboule además de cuchuco, pan de yuca y sobrebarriga.

Su hogar comienza en una pensión sencilla, donde el comedor era una caja de cartón y las sillas, huacales. Los frugales platos, además de comida, contenían una motivación tan espesa, tibia y sustanciosa como lo que comía. De ese amor sólido entre Julio y Lili, como bloque irrompible y perenne, nacen cuatro varones que se criaron en el medio quienes y hoy en día se destacan en el mismo oficio del padre: Julio, Alberto, Jaime y Gerardo, «por estar buscando la niña», comenta jocoso[17], porque es un hombre con un genial sentido del humor; ocurrente, a veces naíf, de pocas palabras para decir lo oportuno.

«Hoy desde Atenas, mañana desde cualquier lugar del mundo» fue una de sus frases más célebres y emblemáticas durante el primer concurso de Miss Universo que transmitió vía satélite (luego de haberlo transmitido por teléfono veintiséis años atrás), que dio pie a una nueva etapa en la cultura mediática de Colombia.

Fundador de Producciones JES, fue locutor, actor, maestro de ceremonias y anfitrión en programas de concurso como Concéntrese en los años 60; habiéndose propuesto desde que se sentaba en el huacal para comer ser un pionero de la naciente tecnología audiovisual, fue quien llevó la primera unidad móvil a color, y se destacó en la producción de infinitos comerciales y numerosos programas, además famosas telenovelas vistas alrededor del mundo.

---

17 https://www.semana.com/gente/articulo/los-hijos-de-sanchez/12821-3

Desde un cómodo sofá, rodeado de retratos de sus hijos y sus varios nietos (entre ellos Emilio Sánchez, quien ha manifestado desde muy joven su herencia de una voz y verbo poderosos al micrófono), se ríe ríe bonachón a pierna cruzada mientras recuerda desde amistades con gente sencilla, su cariño por su familia política que reside en mayor parte en Venezuela, sus años asistiendo a la alfombra roja de los premios Óscar y su camaradería con el también genial Mario Moreno «Cantinflas», entre las muchas personalidades con quienes se codeó durante sus años de actuación en México.

«Los años apaciguan y aquietan»[18], declara este realizador de imposibles a punta de autosugestión y propósito. Se despide del mullido sofá y de sus libros, que siempre han abierto su mente a miles de opciones, planes y proyectos, para tomar una siesta («chupar ojo», como dice desde sus ojos siempre pícaros y saltones) bien merecida a sus más de ochenta años, luego del arrullo de la fresca brisa que entra por el ventanal que descubre las amadas montañas de este inmortal cachaco, siempre manteniendo su elegancia de gabardina y bombín.

3. Mantén un estado emocional de alto desempeño

Celebrar los triunfos, emprender un negocio, disfrutar en familia o aprender nuevas habilidades son decisiones que provienen de la motivación. Esta especie de «*combustible natural*» se produce en el organismo cuando vivimos en equilibrio emocional, y es una fuente de energía que nos permite caminar con determinación hacia el logro de nuestras metas.

Pero ese tan anhelado equilibrio emocional no siempre está en sintonía. Sin duda, las emociones varían. Despertamos bajo distintos estados de ánimo, como sucede con los amaneceres: cada día tiene su color y su nubosidad propia, aunque en

---

18 https://www.eltiempo.com/archivo/documento/CMS-7872983

esencia, el paisaje sigue siendo el mismo.

Lo interesante sobre el panorama de la mente es que tenemos a nuestro alcance la potestad de decidir si esa mañana gris se transformará en una tarde soleada o, por el contrario, en un tormentoso diluvio. La realidad es que somos capaces de influir en nuestro estado emocional.

Un personaje tan notorio como Nelson Mandela estaba consciente de este poder; quizás por eso tuvo la convicción suficiente para cumplir sus objetivos, a pesar de todas las adversidades que enfrentó durante su lucha contra el racismo. Mientras estuvo preso, solía recordar versos de aquel poema escrito por William Henley: «*Soy el dueño de mi destino, soy el capitán de mi alma*».

También es cierto que las teorías adquieren credibilidad a través de la práctica. Aceptar que somos capaces de dominar las emociones para conducir el alma es importante, pero cobra mayor significado cuando entendemos la manera de aplicar este conocimiento en la vida diaria. Sin embargo, antes de recurrir a una metodología es necesario tener una idea clara de cómo funciona el sistema nervioso humano.

Los mensajeros bioquímicos

Nuestro interior alberga un microcosmos conformado por millones de neuronas que se comunican entre sí. Este proceso, llamado *sinapsis*, genera impulsos que liberan sustancias químicas conocidas como *neurotransmisores*, pequeños mensajeros que se encargan de enviar información a distintas zonas del cuerpo.

Estos *mensajeros bioquímicos* existen para coordinar el funcionamiento de los órganos y asegurar la supervivencia. Muchos de ellos también son hormonas, que además de regular la actividad de algunos tejidos, pueden viajar a través del torrente sanguíneo y comunicarse con las células emitiendo señales eléctricas sin importar a qué distancia se encuentren.

Los *neurotransmisores* han sido agrupados de acuerdo a sus características en diferentes categorías: **excitadores,**

inhibidores y moduladores, aunque pueden cambiar de clasificación al producirse reacciones químicas que alteran su composición. Los hábitos o patrones de conducta que proyectamos hacia el entorno físico se relacionan con sus efectos, por eso es tan primordial estudiarlos con amplitud.

Los *excitadores*, como la adrenalina, producen estimulación corporal. La serotonina pertenece al grupo de los *inhibidores*, cuya acción provoca relajamiento. En el caso de los *moduladores* se encuentran las endorfinas, dopamina y oxitocina, encargados de regular nuestros estados emocionales.

Todas estas sustancias tienen una función específica en el cuerpo humano. Generan respuestas que son necesarias para enfrentar el mundo externo, independientemente de cómo lo percibimos. La forma de interpretar lo que está afuera de nosotros se corresponde generalmente con experiencias pasadas. Aún así, tenemos la posibilidad de hacernos conscientes sobre aquello que calificamos como *positivo* o *negativo* para que ese microcosmos interno pueda actuar en favor de nuestros intereses.

El cuarteto de la felicidad

La *adrenalina* se libera cuando el cerebro detecta un peligro. Puede ser porque un animal salvaje amenaza nuestra vida y como mecanismo de protección se encienden las alarmas para correr, pero lo curioso es que también se activa si nos anticipamos a un escenario que, tal vez, ni siquiera se materialice. Preocuparse sin motivo, de manera muy frecuente, es perjudicial para la salud. Una producción excesiva de esta sustancia, o de cortisol (hormona del estrés), puede causarnos problemas.

Observando el estado emocional que predomina en nuestra vida será posible identificar cuáles son las fortalezas y debilidades que podemos mejorar, además de analizar en profundidad esos comportamientos que nos impiden avanzar pisando seguro. La clave está en determinar cuáles son esos pensamientos, palabras y acciones que repetimos a menudo.

Los estados emocionales de alto desempeño están asociados

con lo que algunos han descrito figurativamente como *el cuarteto de la felicidad:* dopamina, endorfinas, oxitocina y serotonina. Al combinarse en la proporción adecuada, despiertan una sensación de placer. Es como tomar pequeños sorbos del mejor vino. Se puede acabar el contenido de la copa, pero todos los días podemos servirnos un poco más para saborear con mesura su exquisito gusto.

Estos químicos pueden desbalancearse y originar un impacto negativo en nuestras vidas: depresión, fatiga, ansiedad, indiferencia o falta de deseo. Éstos son algunos síntomas visibles de que *los mensajeros bioquímicos* necesitan ser equilibrados y la ventaja es que podemos hacerlo de forma natural.

Un nivel adecuado de *dopamina* nos conecta con esa sensación de victoria que abre las puertas del éxito. Además, influye en nuestra capacidad para aprender, memorizar y crear nuevos hábitos.

Pasatiempos como los videojuegos pueden ayudarnos a sentir que hemos superado obstáculos, en consecuencia, se descarga la dopamina. Adoptar palabras o posturas de celebración también es importante para activar ese sistema de recompensa que podría estar algo dormido.

Por otra parte, las *endorfinas* actúan cuando reímos o sentimos comodidad. La apatía podría ser un indicativo que este neurotransmisor necesita recursos para funcionar mejor. Mover y estirar el cuerpo genera esas sustancias. Yoga, masajes o ejercicio físico son remedios naturales para contrarrestar su deficiencia. El chocolate, en su justa medida, es otra fuente de bienestar para ayudar al cerebro con un pequeño estímulo.

Sentir amor, confianza y tener la capacidad de aceptar cada situación que se presenta en la vida produce satisfacción. Estas nobles acciones corresponden al efecto de la **oxitocina**. Si el miedo se intenta apoderar de nuestro ser, podemos compensarlo con un abrazo lleno de afecto o una conversación amistosa. Socializar es tan importante como trabajar.

El dolor y el triunfo también son parte de la vida. Niveles de serotonina disminuidos se asocian con una incapacidad para reconocer los logros que obtenemos de cada aprendizaje. ¿Cómo podemos contrarrestar la falta de esta sustancia?, muy simple, agradeciendo. Aunque el día se torne gris, siempre habrá razones para dar las gracias. El solo hecho de respirar es un poderoso motivo para vivir en abundancia.

En líneas generales, la alimentación sana es esencial en cualquier proceso neuronal porque muchos de los transmisores se sintetizan a través de aminoácidos disponibles en una dieta rica en proteínas. Pasar horas sin alimentarse o consumir mucha fritura provocaría un desequilibrio en nuestro organismo.

Las emociones son el resultado de nuestras decisiones. Abrir la ventana hacia nuestro universo interior y dibujar el sol entre las nubes grises para aclarar el paisaje requiere de nuestra voluntad. La respuesta no siempre se halla en la medicina, a veces hace falta creer más en las capacidades que tenemos.

Los neurotransmisores son como engranajes de un motor que nos permite avanzar con determinación hacia el futuro. Sus condiciones dependerán del mantenimiento que reciba este valioso mecanismo. Debemos habituar los estados emocionales de alto desempeño destacando el protagonismo de *sustancias bioquímicas neuro-modulares* como la dopamina, endorfinas, oxitocina y serotonina para tener motivación.

 De la teoría a la práctica

Identifica la estrategia de tus emociones y acorta el tiempo de los estados de malestar

Los estados emocionales tienen una estrategia y siguen un proceso. Sentirse bien o sentirse mal es, absolutamente, un proceso secuencial que se inicia con un estímulo, sigue con un pensamiento y unos pasos hasta que llega a su fin.

Cuando nos sentimos mal, deprimimos o en un estado emocional de estrés seguimos esta estrategia inconsciente. Piensa por un momento, cuando te has sentido triste:

- *¿Qué llega a tu mente primero?*

- *¿Qué pensamientos y recuerdos aparecen?*

- *¿Qué imágenes ves asociadas?*

- *¿Qué voces escuchas?*

- *¿Por cuánto tiempo abrazas esos pensamientos?*

Si te das cuenta, es un paso a paso que seguiste y que dio como resultado que llegaras a ese estado. Lo mismo pasa cuando nos sentimos bien o estamos felices; inicia con un pensamiento y sigue una secuencia.

En ambos casos, existe una estrecha relación entre estas preguntas y el estado emocional. Identificar la secuencia de la emoción y el paso a paso respectivo, te ayudará a acortar los tiempos de los estados emocionales de malestar.

Cuando aprendes a observar esta sucesión, estarás en la capacidad de interrumpir el patrón de forma consiente, decidir *cortar la secuencia* y hacer otra actividad.

Mayor bienestar

Es propio de los seres humanos sentirnos tristes, estresados y angustiados; pero cuando esos estados emocionales se prolongan en nuestro sistema nos vuelven menos creativos y literalmente bloquean nuestras neuronas.

Si sabemos que toda emoción sigue una secuencia, la invitación es a recurrir a la astucia y a la inteligencia para cultivar el proceso que sigue a la estrategia emocional de bienestar.

Inicia conscientemente la secuencia con un pensamiento positivo y sigue ese paso a paso que te va a activar los circuitos neuronales de la creatividad, la atención, la memoria y la concentración y que, finalmente, va a favorecer el desarrollo de la alta competencia.

4. Aumenta tu energía y productividad

Nos convertimos en un valioso recurso para la sociedad cuando tenemos la capacidad de resolver problemas. La productividad se traduce en ganancia, por lo que resulta importante desarrollar al máximo esas competencias físicas y mentales que posibilitan nuestro más alto desempeño. Vivimos en un mundo digital, acelerado y demandante, que requiere fuerza y sobretodo energía para encarar las diversas situaciones que se presentan a diario.

La Real Academia Española define el término *energía* como *eficacia, poder y virtud para obrar.* A través de nuestras acciones podemos transformar el entorno. Cada persona expresa de diferente manera ese atributo tan esencial que nos permite ejecutar múltiples roles y construir nuevos puentes hacia el éxito, aunque nuestro libre albedrío también podría usarlo para destruir.

Sentirse abrumado por la cantidad de responsabilidades que debemos asumir en el hogar y el trabajo es comprensible, pero desgasta el cuerpo en todas sus dimensiones.

Una madre ejecutiva, esposa y ama de casa con tres hijos pequeños **NO** está condenada a vivir en el agotamiento. Puede rendir a la máxima potencia implementando una serie de hábitos saludables para su desenvolvimiento; principalmente, debe centrarse en las soluciones.

El conocimiento que aporta la ciencia nos invita a trasgredir las barreras que se proyectan en el mundo físico. No es lo mismo pecar por ignorancia que tener una verdad en las manos y desecharla. Pero, más allá de los fundamentos científicos que validan nuestras más asombrosas cualidades, existen ejemplos reales que demuestran todo lo que puede lograr la resistencia humana cuando existe el objetivo de triunfar.

Prácticas para lograr mayor energía:

> *«Una vez que dejas de creer que algo es imposible,*
>
> *es posible».*

Estas palabras son de Roger Bannister, un hombre que desafió la actitud de quienes consideraban imposible correr 1.600 metros en menos de cuatro minutos. Personas de todo el mundo especulaban que el cuerpo humano podía colapsar si era sometido a tanta velocidad. El atleta demostró lo contrario, y en 1954 marcó un hito en la historia de Gran Bretaña.

En esa época, Bannister estudiaba neurología en la *Universidad de Oxford*. Utilizó todo el conocimiento médico que tenía para investigar los aspectos mecánicos de correr y desarrolló su propio régimen de entrenamiento.

Antes de superar el récord, había tomado la decisión de no participar en algunas competencias porque sentía que aún le faltaba prepararse. Le tomó años adquirir la condición suficiente para establecer una nueva marca, aunque siempre tuvo la intención de hacerlo.

 **De la teoría a la práctica**

Exceder las expectativas

El ejemplo es válido para confirmar que no se trata de fuerza física; se trata de actuar con determinación. Dominar el pensamiento es el primer paso para generar cambios externos.

Sabemos que es importante alimentarse sanamente, dormir bien, mover el cuerpo y trabajar la respiración para que nuestro sistema motor funcione adecuadamente, pero esta vez recalcaremos tres prácticas que son bastante efectivas cuando se trata de exceder las expectativas:

¿CÓMO DESARROLLAR LA ALTA COMPETENCIA?

ACTITUD

Quejarse, criticar y fijarse en los problemas de los demás afecta la productividad del ser humano. En cambio, ser positivos impacta favorablemente en el desempeño cotidiano. Reírse es una terapia que estimula más de 420 músculos, entre ellos, el corazón. También es recomendable sumar a nuestra rutina el hábito de agradecer, de esta forma podremos concentrarnos en esos detalles que nos conectan con la abundancia.

VOCACIÓN

Cuando trabajamos en función de un propósito, lo hacemos con voluntad y pasión. Se convierte en un poderoso instrumento de catarsis que nos ayuda a liberar tensiones. Trabajar en algo que no se disfruta es como cargar una mochila muy pesada que poco a poco nos va forzando a mantener la postura incorrecta. A veces nos obligan las circunstancias, pero tenemos el poder de establecer metas y planes para dedicarnos a lo que realmente nos genera entusiasmo.

ENTORNO

Hay personas que suman o restan energía. Es importante invertir nuestro tiempo en círculos sociales que nos inviten a conservar una actitud positiva frente la vida. Se identifican fácilmente: expresan un lenguaje optimista, se enfocan en las soluciones y reconocen las virtudes de otros. Alejarse de ambientes tóxicos es fundamental; si esto se manifiesta en el trabajo, y renunciar no es una opción, se recomienda balancear la situación con otras actividades que resulten provechosas o gratificantes (leer o practicar yoga).

En pocas palabras, ser productivos implica fijarse en la meta y no en los obstáculos o conflictos. A todos se nos presentan inconvenientes, la diferencia está en cómo superarlos. Adoptar una actitud positiva nos permite enfrentar con optimismo las vicisitudes que se presentan, descubrir nuestro propósito y perseguirlo con motivación. Es preciso depurar el camino que hemos elegido apartándonos de aquellos entornos que pueden incidir negativamente.

La energía es como un tesoro que nos regala la vida, pero hay que saber administrarla de forma consciente para que sus valiosas propiedades nos conecten con la abundancia. En el balance está la clave. Tan dañino es robarles a otras personas para acumular más o regalar todo lo que tenemos.

Patrones mentales

Según lo explica el biofísico Frintz Albert Popp: «*Las células de los seres humanos, de los animales y de las plantas desprenden luz bajo la forma de biofotón*». Por eso, es una realidad que nuestros cuerpos irradian luminosidad a través de diferentes frecuencias. Atraemos la frecuencia que proyectamos en el mundo externo.

Conociendo esta poderosa verdad, se puede planificar un mecanismo de acción para utilizar ese poder de manera constructiva.

Si sabemos quiénes somos y hacia dónde vamos, nuestro cerebro tendrá la información que necesita para trabajar en función de un propósito definido. Existen cuatro patrones mentales que nos pueden ayudar a conducir la energía hacia el logro de diferentes objetivos:

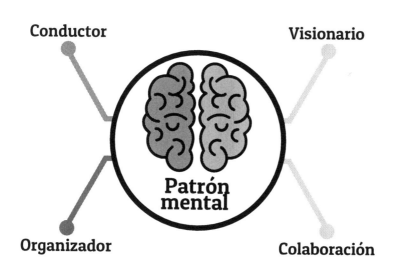

Conductor

Visionario

Patrón mental

Organizador

Colaboración

¿CÓMO DESARROLLAR LA ALTA COMPETENCIA?

Conductor:

Proviene del hemisferio izquierdo del cerebro. Nos permite ejecutar planes de acción, pese a los obstáculos que puedan desarrollarse. Un ejemplo de liderazgo que evidencia este patrón es el famoso caso de la empresa Lego; en el año 2003 sus directores tomaron medidas drásticas para rescatar la empresa de una enorme crisis financiera. Muchos factores estaban en contra, pero fueron superados.

Organizador:

Nace en el hemisferio izquierdo en el que predominan las habilidades para planificar, organizar, administrar y formular metodologías. En el caso de una productora de eventos, este tipo de esquema funciona muy bien porque sugiere los procesos necesarios para asegurar un servicio de calidad.

Visionario:

Originado desde el hemisferio cerebral derecho. Se corresponde con la habilidad de visualizar el futuro y utilizar la imaginación, funciones propias de personas altamente creativas. Alfonso Cuarón, primer latinoamericano en ganar un premio Óscar como Mejor Director, es un ejemplo que coincide con estas características.

Colaboración:

Surge en el hemisferio derecho. Se asocia con la facilidad para manejar relaciones humanas, brindar colaboración, proyectar empatía, actuar con generosidad y mostrar compasión. En una ONG, orientada al servicio comunitario, los voluntarios que se ofrecen tienden a cumplir con este perfil.

Cada estructura señalada anteriormente nos ayudará a trabajar de forma organizada y con la metodología necesaria nos permitirá llegar a la meta que anhelamos. Conocernos es el primer paso para fortalecer nuestras competencias y mantenernos en un constante ciclo de renovación energética.

La edad no es un impedimento para vibrar en la frecuencia más elevada. En cualquier momento de nuestra vida tenemos la opción de adoptar nuevos hábitos saludables, o descubrir ese propósito que nos hará sentir por siempre jóvenes... ¿para qué postergarlo?

De hecho, cuando llegan los años, el cerebro adquiere ciertas habilidades que los humanos deberían aprovechar. Hoy sabemos que las personas mayores tienen un sentido de responsabilidad claro y son comprometidas con sus roles

ILENE DAZA

y con tareas específicas. Con la vejez también aumenta la inteligencia cristalizada, la cual se basa en los conocimientos específicos adquiridos, por los que los viejos son personas sabias[19].

Sin importar la edad, desde hoy podemos trabajar en aumentar la energía para brillar en lo que más nos apasiona.

> El servicio del Shabbat empezaba siempre puntual en la pequeña sinagoga del Centro Judío de Seaview. Howard de kippah azul oscuro para escuchar al rabino en su mezcla de hebreo y acento de Brooklyn; los chismes en yídish no se hacían esperar a la salida bajo los sombreros de las vecinas de la zona. Howard prefería jugar al fútbol con su hermano Michael y sus amigos en el parque de Bayview.

> A esa edad no se percataba de que su familia vivía en un proyecto habitacional subsidiado porque el salario de camionero de su padre, Fred, no daba para más. Fred Schultz era profundamente infeliz al no poder darles una mejor vida a su esposa Elaine y a sus tres hijos. Sin embargo, Howard, Michael y su hermanita Ronnie sentían que el mundo era uno más divertido cuando lograban escaparse al cercano embarcadero de Canarsie, en donde atracaban barcos que entraban por la bahía Jamaica con su mercancía. La diversión entre cuerdas, muelles, el olor a pescado, las pequeñas furgonetas de la época, los gritos y los tatuajes de los marineros eran riquezas inmensas para cualquier niño.

> Al pasar de los años, Howard comenzó a darse cuenta de la mala posición de su padre, de los dolorosos esfuerzos de su madre por disimular su angustia, y entonces supo que su talento deportivo, el fútbol americano, podía darle respuestas. Así, se dedicó a entrenar y a destacarse en el campo de la Secundaria Canarsie, y fue identificado por un cazatalentos de Northern Michigan University,

19 https://www.eltiempo.com/vida/salud/ventajas-en-los-cerebros-de-las-personas-mayores-y-como-aprovecharlos-en-las-empresas-326620

quien le ofreció una beca de estudios a cambio de fortalecer el equipo universitario. Howard fue el primero en su familia en asistir a la universidad, obteniendo su título en 1975.

La energía que aplicaba en el campo se combinaba con su agilidad y atención al correr sin pensar en más nada que no fuera anotar, y anotaba, cada vez con más fuerza. El campo laboral fue aún más retador, más feroz, más cruento.

La línea de partida fue Xerox Corporation, en donde comenzó como un simple vendedor hasta que rápidamente fue ascendido a representante ejecutivo de ventas. Obtuvo la cuenta de una fábrica sueca de cafeteras, Hammarplast, y le interesó tanto que pasó a trabajar con ellos.

Howard seguía corriendo con la pelota bien sujeta entre su antebrazo y bícep. En un viaje a Milán, descubrió la sabrosa costumbre italiana de socializar en cafés –numerosos y en cada calle- en ese rato entre el trabajo y la casa. Mesas sencillas, bocadillos para picar y lo más importante, expreso. Poco después visitó una cafetería en Seattle, curioso por la gran cantidad de cafeteras que adquirían y, al conocer el trasfondo del negocio, inmediatamente se interesó y comenzó a trabajar con ellos. La empresa se llamaba Starbucks Coffee Company. Era 1982.

Luego de varios intentos para convencer a sus dueños de mejorarla al estilo italiano, decidió comenzar con mucho esfuerzo y poco dinero su propio emprendimiento, Il Giornale. Iba anotando tanto tras tanto en la línea de meta, pero le faltaba la estocada final para ganar el partido.

Con el tiempo, Howard Schultz terminó adquiriendo el inicial Starbucks, manteniendo su nombre, alterando su formato volviéndolo más atractivo y europeo que lo hizo calzar con el interés de los americanos de la costa oeste, y *luego escalando a franquicias. Su energía no dejó de producir ahí, porque también se ha ocupado del bienestar y progreso de sus empleados, consiguiendo para ellos subvenciones de estudio –las matrículas universitarias en Estados Unidos son carísimas-, incesante entrenamiento y posibilidades de ascenso.*

La misma energía y empeño vestidos del pesado uniforme de fútbol en ese campo de Michigan se tradujeron en la inmensa productividad que disfrutamos hoy en día en cada calle, en muchos países del mundo, desde las deliciosas y asequibles bebidas que también nos toman en cuenta como personas, más que clientes, hasta el punto de llevar nuestro nombre escrito en cada una.

5. Atención, un aliado clave de la alta competencia

En un mundo saturado de tecnología y un sinfín de estímulos, ¿es posible concentrarse e ignorar los múltiples distractores? Para nuestra fortuna la respuesta es sí, valiéndonos del *mindfulness* o *atención plena*, una técnica que ayuda a fortalecer los circuitos neuronales de la concentración.

«Es como ir al gimnasio y ejercitar la atención como si fuera un músculo».

La afirmación la hace el reconocido psicólogo y periodista Daniel Goleman, autor de la teoría de la *Inteligencia Emocional* quien, durante décadas, se ha dedicado a estudiar éste y otros temas, entre ellos, la concentración o el control cognitivo.

La concentración es la capacidad de prestar atención e ignorar las distracciones, poner atención en lo que quieres e ignorar el teléfono o la seducción de las redes sociales. Hoy pareciera imposible, y para muestra Goleman recuerda una charla que sostuvo con uno de los ingenieros de *Apple* quien conformó el equipo de diseño del *Iphone* y le dijo:

«A los 20 años, todos los ingenieros estábamos solteros, intentamos hacer un producto lo más atractivo posible;

ahora que tengo dos hijos me arrepiento»[20].

Lo cierto es que debido a estas constantes distracciones, la mente siempre se dispersa. Lo opuesto es la atención con base en el aprendizaje. Los datos demuestran que mientras mayor sea la capacidad de concentración, mayor será el aprendizaje y una forma efectiva de lograrlo es el *mindfulness*. Al aprender a trabajar la respiración, podemos ser conscientes que la atención se distrae y ser capaces de volvernos a concentrar.

«Esto ayuda a los circuitos neuronales de la concentración. Cada vez que te das cuenta de que te has distraído y vuelves a concentrarte, fortaleces tu sistema de concentración. Es como ir al gimnasio: cada vez que levantas un peso, cada repetición fortalece el músculo. Cada vez que un niño o un adulto vuelven a concentrarse, fortalecen su sistema para hacerlo. El cerebro quiere aprender a prestar atención. Es lo primero para cualquier tipo de aprendizaje. La atención se puede entrenar. Es la base del aprendizaje»[21].

Control cognitivo, factor de éxito

En ciencias, el control cognitivo se puede enseñar.

*«Es la habilidad de concentrarte en lo que quieres e ignorar las distracciones. Resulta ser el mismo sistema de control que nos ayuda a manejar las emociones desagradables. El cerebro usa el mismo sistema para esto»*22.

Es un factor de éxito a corto, mediano y largo plazo. También favorece la capacidad de autogestionarse y promueve el bienestar. Una de las pruebas más conocidas de control cognitivo es la prueba del *mashmelow*.

«Se llevó a cabo en la universidad de Stanford. 1 a 1, unos niños entran en una habitación y ven una golosina grande y apetecible. Lo dejan en la mesa delante de los niños y el examinador dice: te lo puedes comer ya, pero si te esperas a que vuelva te daré dos. Se va de la habitación y los niños se quedan mirando pensando qué hacer. Un tercio de ellos se lo comen al momento y el resto se espera. Este último grupo,

---

20 https://youtu.be/k6Op1gHtdoo?t=947

21 https://youtu.be/k6Op1gHtdoo?t=1039

22 https://youtu.be/k6Op1gHtdoo?t=1156

prefirió retrasar la gratificación para perseguir sus objetivos que es de lo que se trataba la prueba»[23].

Los investigadores, le siguieron la pista a estos niños a lo largo del tiempo y 14 años después, cuando iban a entrar a la universidad, obtuvieron mayor puntaje que aquellos niños que fueron impulsivos.

«En el examen de acceso, de 600 puntos en total obtuvieron una ventaja de 210 puntos. En otras palabras, aprendieron mejor. Todos eran niños cuyos padres habían ido a Stanford y venían de familias con alto coeficiente intelectual».

«En Nueva Zelanda se hizo otro estudio sobre control cognitivo. Participaron niños de 4 a 8 años. Evaluaron su control y los volvieron a evaluar cuando cumplieron 30 años; descubrieron que el control cognitivo pronosticaba mejor el éxito económico y la salud a los 30 que el coeficiente intelectual en la infancia o la riqueza de la familia en la que has crecido»[24].

Conociendo su importancia y sus múltiples efectos positivos, la invitación es a practicar el *mindfulness* como una rutina diaria, para lo cual hay mucha información disponible en la actualidad: desde *apps*, libros, páginas web, entre otros. La finalidad es aprender a estar en el presente y tomar el control de nuestros pensamientos y emociones.

Las gruesas gotas de sudor caen en cámara lenta desde dos metros de altura hasta salpicar el piso de madera trazado de colores. Entre los botines Nike, el drible de la pelota anaranjada retumba sobre los gritos que salen de las gradas; cientos y cientos de aficionados tienen su mirada y su furor concentrado en una sola persona que, en menos de tres segundos que se sienten como una eternidad, tiene que contar cuántas veces dribla la pelota y cuidar hasta qué altura la lleva mientras mira a su alrededor para escoger el pase perfecto.

Concentrarse en un ambiente tan lleno de gente, de gritos, de luces, de ruido, de agendas a tope,

23 https://youtu.be/k6Op1gHtdoo?t=1184
24 https://youtu.be/k6Op1gHtdoo?t=1231

de contratos millonarios, de la vida en familia... ¿Cómo concentrarse? ¿Cómo Michael ha sido capaz de cumplir lo que ha querido hacer y tener todo el éxito que ha cosechado sin jamás perder el foco?

A principios de los años sesenta, la vida en Wilmington –una pequeña ciudad de la costa este de Estados Unidos, en Carolina del Norte- no era muy complicada. La música de Los Beatles, Bob Dylan, los Rolling Stones y los Beach Boys sonaba sin parar en los tocadiscos y radios de cada hogar, incluso en este venido de Brooklyn. Conflictos raciales había, pero no tan graves como en otras regiones para esa época. Michael prefería mil veces quedarse en el parque cerca de casa jugando baloncesto, fútbol americano o béisbol con sus amigos que ir a hacer los deberes que le asignaban en la preparatoria Emsley A. Laney.

Deloris, su madre, llegó una noche a casa con la mala noticia que el director se había reunido con ella para decirle que Michael no podía jugar baloncesto porque «no era lo suficientemente alto»; unos meses después, Michael medía 1,98 m, y ya entonces nada lo pudo parar. Llegó a ser el mejor de los mejores jugadores de baloncesto del mundo, a la cabeza de los Toros de Chicago, además de modelo, empresario, inversionista, filántropo y hasta actor de cine.

Algo sí le frenó en seco su juego perfecto a principios de los 90: su padre, James, había sido asesinado en extrañas circunstancias y esto derrumbó a Michael por completo. Aferrándose a una promesa que le había hecho a su padre años atrás, Michael se retiró del baloncesto para intentar comenzar una carrera beisbolística uniéndose a los Medias Blancas de Chicago, pero esa experiencia no duró mucho. Su pasión, su vida, su energía era el baloncesto.

Regresó a los Toros de Chicago, pero en unas condiciones muy distintas; estaba jugando fatal y el legendario equipo se quedaba atrás en el ranking de la NBA. La situación era grave. Necesitaba algo que lo ayudara a enfocarse de nuevo. Su entrenador, Phil Jackson, decidió agregar un ingrediente clave para la recuperación de Michael y, por ende, del equipo: la meditación mindfulness (atención plena). De esto, Michael comentó una vez: «Estas cosas funcionan (…) Sientes que la multitud se calla, y ese momento se convierte en MI momento (…) Tan pronto llegas a ese estado, todo comienza a moverse más lentamente y empiezas a ver muy bien la cancha. percatas de lo que la defensa está tratando de hacer…»[25] Con esa herramienta, ya no había cómo perder la concentración, no había distractores, Michael estaba en control de cada momento.

La marca Nike® creó su eslogan JUST DO IT (solo hazlo), y lo que nadie sabe es que se inspiró a partir de unas palabras que dijo Michael Jordan en una entrevista en donde se resaltó el efecto que la práctica del mindfulness había producido en su vida: «Me preparé físicamente, estoy preparado para todo. Cada vez que piso la cancha nunca sé que sucederá. Vivo el momento, juego por el momento»[26]

Cada rebote de la pelota con el logo de Spalding® es un momento al que Michael logra sacarle el máximo provecho. Su capacidad de concentración es tal que bloquea cualquier interferencia que pudiera sacarlo de foco. Fija su mirada en el blanco, mide la fuerza de sus hombros y sus bíceps, da un salto que lo lleva de dos metros a tres, casi cuatro y, sin nada que lo detenga, encesta y marca.

25 https://www.marca.com/en/more-sports/2018/08/08/5b6b082f22601d291e8b45b9.html

26 https://uncafeconreven.com/2019/02/04/3-el-deporte-y-la-atencion-plena-metodo-mindfulness-y-ejercicio-alcanzar-el-maximo-nivel-en-el-deporte/

6. Las dimensiones de la inteligencia emocional y su impacto en el mundo laboral

En la actualidad sabemos que gracias a la *Inteligencia Emocional* podemos maximizar las habilidades personales, manejar mejor nuestras propias emociones y la relación con los demás. Lo mejor, ser capaces de regular las emociones cuando estas se vuelven muy fuertes o están fuera de lugar; son inapropiadas, o duran demasiado tiempo. Es pertinente la reflexión: ¿qué impacto tienen, en nuestro ámbito personal y laboral, estas emociones perturbadoras cuando nos dominan y se salen de control?

Las habilidades que marcan la diferencia en el mundo laboral

Más que el coeficiente intelectual, en el campo laboral, la *Inteligencia Emocional* es necesaria para triunfar; desarrolla habilidades básicas para ser un buen miembro de un equipo, destacar, liderar, persuadir, autogestionarse y empatizar. Así lo explica el prestigioso psicólogo Daniel Goleman quien se refiere a los estudios que hacen las empresas para identificar a los mejores líderes y a los mejores trabajadores. Afirma:

> *«Lo que caracteriza a los grandes trabajadores es su Inteligencia Emocional».*

> *«El coeficiente intelectual es importante. Importa mucho, sobre todo en el colegio: tendrás mejores notas, aprenderás mejor y en los primeros años de una profesión. Pero, más adelante en tu carrera profesional, cuando asciendes a gerente –por ejemplo- y te conviertes en un alto ejecutivo no importa tanto».*

> *«Para ser gerente ejecutivo tienes que tener coeficiente intelectual, lo que técnicamente se llama desviación estándar sobre lo normal. Lo normal son 100. Una desviación estándar son 114 o 115 que resulta ser lo que necesitas para sacarte*

un grado avanzado, un Máster en Administración de Empresas. Pero una vez que estás ahí, estás compitiendo con gente tan inteligente como tú así que tu coeficiente no marca la diferencia. Hay datos que dicen que después del 120 no hay relación entre el éxito profesional y el coeficiente intelectual. Un coeficiente de más de 124 es negativo para los líderes. Es interesante. Lo que no dice es que lo que importa está en el lado de la Inteligencia Emocional. Eso marca la diferencia»[27].

En la práctica, un alto nivel de inteligencia emocional impacta positivamente en la alta competencia y en la vida en general y tiene una correlación directa con el éxito.

Conoce tus emociones

La *Inteligencia Emocional* abarca varias dimensiones que, a su vez, incluye competencias y habilidades esenciales.

- **La conciencia de uno mismo o auto-conciencia,** se refiere a saber cómo nos sentimos en un momento determinado, el porqué de ese sentir y sus consecuencias. Supone:

- **Conciencia emocional: se trata de saber reconocer** *las propias emociones y saber por qué las estamos sintiendo.*

Auto-evaluación precisa

Es conocer las propias fortalezas y debilidades para potenciarlas y mejorarlas, respectivamente. Supone retroalimentación y aprendizaje continuo.

- **Auto-confianza: nos permite tomar decisiones** *en situaciones difíciles, asumir riesgos, trabajar más para conseguir mejores resultados.*

- **Gestionarse uno mismo: es tener la capacidad de auto-regulación,** *prestar atención, recordar información y tomar decisiones. Son fortalezas indispensables*

---

27 https://youtu.be/k6Op1gHtdoo?t=756

para lograr las metas y superar con optimismo los contratiempos. Implica:

- **Autocontrol**: *nos ayuda a dominar los impulsos y sentimientos y pensar con claridad en situaciones complicadas. La meditación y el ejercicio son claves para ello.*

- **Fiabilidad**: *ser capaces de admitir nuestros errores, actuar con ética y transmitir confianza. En un ambiente laboral, la fiabilidad significa que nos conozcan por nuestros valores y principios y que los demás actúen conforme a ello.*

- **Innovación y adaptabilidad**: *es buscar nuevas formas de hacer las cosas, aportar nuevas y renovadas ideas. Ser adaptable nos permite tener la capacidad de ajustarnos a cualquier ambiente y situación, incluso cambiando prioridades cuando la ocasión lo amerite.*

- **Motivación**: *conlleva un reto creativo y un estímulo para el trabajo en sí. Nos ayuda a ser mejores, fijarnos metas retadoras y hacer las tareas con excelencia.*

- **Compromiso**: *es creer en lo que se hace, esforzarse para conseguir una meta mayor, utilizar los valores del grupo en la toma de decisiones y, en el ámbito empresarial, estar constantemente buscando oportunidades para alcanzar la misión*

- **Iniciativa y optimismo:** *permiten perseguir las metas y sobrepasar las expectativas; ser positivos y confiar en que podemos lograr lo que nos propongamos.*

Empatía

Con esta dimensión, una persona es capaz de ponerse en la piel del otro; percibir cómo se siente y cómo piensa esa persona. Aquí es clave recordar la importancia de la comunicación no verbal, pues nuestros gestos, tono de voz nos permiten intuir el estado anímico de nuestro interlocutor y generar una relación asertiva.

Cuando logro comunicarme eficazmente con el otro e interpretar sus sentimientos, establezco una empatía cognitiva y también emocional. Una última instancia de la empatía es la compasión, en tal caso, nos referimos a una preocupación empática. Abarca entonces:

- **Comprender a los demás:** *en el ámbito laboral, sirve para conocer las necesidades de los trabajadores y promover sus habilidades.*

- **Desarrollo de los demás:** *directivos empresariales, pueden a partir de esta habilidad, promover el desempeño de sus colaboradores, dándoles retos acordes a sus cargos; creer en aquellos que poseen un resultado más bajo y favorecer la resolución de problemas a partir de la confianza en su equipo, dándoles la capacidad de encontrar alternativas.*

- **Orientación al servicio**: *se relacionan las necesidades de los clientes con los servicios y productos, y se pone todo el empeño en conseguir una relación de confianza a largo plazo con él.*

- **Apalancamiento de diversidad**: *respetar y relacionarse con otros distintos a mi idiosincrasia y origen. Es el respeto a las minorías y el apalancamiento de la diversidad.*

- **Conciencia política**: *se trata de reconocer las influencias políticas y sociales y estar a tono con el clima y cultura de la organización. Esta destreza permite mantener relaciones con otros empleados o clientes, buenas conexiones personales y conocer la estructura de toma las decisiones.*

Manejar bien las relaciones

Se enfoca en habilidades como colaborar, ser bueno en un equipo, resolver conflictos, influenciar a la gente, persuadir, saber comunicarse y escuchar[28].

---

28 https://youtu.be/k6Op1gHtdoo?t=94

¿CÓMO DESARROLLAR LA ALTA COMPETENCIA?

En el área laboral supone:

- **Influencia:** *al desarrollar esta competencia, seremos capaces de comunicarnos y ganarnos a la gente.*

- **Comunicación:** *saber afrontar las situaciones difíciles, saber escuchar al otro y aceptar las buenas y malas noticias.*

- **Manejo de conflictos:** *permite saber desenvolverse en situaciones complejas, hallar soluciones a los problemas y evitarlos en la medida de lo posible. Transmitir calma y serenidad, mostrar disponibilidad para resolver conflictos, exponer un punto de vista en tono neutral e intentar encontrar soluciones son atributos propios de esta dimensión.*

- **Liderazgo:** *permite impulsar la misión y visión, convertirlo en un objetivo compartido y en un objetivo común.*

- **Catalizador de cambios:** *es tener la capacidad de percibir la necesidad de cambios y animar al resto a llevarlos a cabo.*

- **Creación de lazos:** *para crear relaciones mutuamente beneficiosas[29].*

¿La inteligencia artificial nos va a reemplazar?

Conociendo la importancia de la *Inteligencia Emocional* y sus dimensiones, surgen nuevas inquietudes de cara a las tendencias en el mercado laboral en un futuro no muy lejano:

- *¿Qué pasará con nuestros puestos de trabajo?*

- *¿Seremos sustituidos por máquinas?*

- *¿Qué tipo de tareas seguirán vigentes?*

- *¿Dónde quedará el ser humano, con sus talentos y sus capacidades?*

- *¿Qué valor tendrán habilidades como el pensamiento*

---

29 https://resulta-2.com/2015/06/las-dimensiones-de-la-inteligencia-emocional/

crítico, la cercanía y la conexión con nuestros interlocutores?

La respuesta no es definitiva, pero lo innegable es que las claves de nuestra competitividad estarán en la fluidez digital, la inteligencia emocional y el desarrollo de la alta competencia. Esto significa que, en el presente y a futuro, el verdadero don será la capacidad de desarrollar nuestro talento, potenciar las habilidades cognitivas y emocionales y alcanzar la alta competencia.

El reto es internalizar que el talento no es una propiedad innata sino aprendida y que como tal debemos potenciarla al máximo. Reconocer ese nicho en el que somos aptos por naturaleza, nos permitirá trabajar con esfuerzo de manera consistente para dominar al máximo nuestra área de experticia y ofrecer un valor agregado al mercado laboral. Cultivar nuestro potencial debe ser una tarea permanente y continua.

Tenemos todas las herramientas a nuestro alcance y el poder de salir de nuestra zona de seguridad para entrar a nuestra zona de genialidad.

Emociones, una práctica diaria

La *Inteligencia Emocional* es un predictor de rendimiento pues impacta el desempeño diario y en contravía con la cultura de negocios de competitividad y logro de objetivos, ratifica su vigencia, tanto como la innovación y la creatividad.

La gestión de equipos de trabajo, la atención del público o la asistencia de personas enfermas o dependientes son buenos ejemplos de que la inteligencia emocional y las habilidades *blandas* impactan positivamente en el ámbito laboral e incluso pueden configurar nuevas modalidades de empleo.

Nuevamente la empatía y la comprensión del otro adquieren un rol predominante en las competencias de un profesional.

En el sector salud, es evidente la importancia de las relaciones interpersonales, la conexión emocional entre médico y paciente o enfermero y paciente.

¿CÓMO DESARROLLAR LA ALTA COMPETENCIA?

«El trabajo emocional beneficia a la actividad sanitaria en diversas dimensiones. Lo que más valora la gente es el tipo de trato que ha recibido del personal sanitario. Tenemos muchos problemas porque algunos tratamientos se inician y después se abandonan. Hay estudios que señalan que cuando los médicos o enfermeros conectamos emocionalmente, se producen menos casos de abandono precoz del tratamiento y, por tanto, menos recaídas... Estos comportamientos contribuirían a desatascar las urgencias. En el momento en que atiendes mejor a la gente y disminuye su nivel de estrés, ansiedad o miedo, posiblemente habrá menos interconsultas innecesarias en urgencias y centros de atención primaria. Llevar a cabo una buena asistencia emocional requiere mirar a los ojos, escuchar activamente, poder acompañar, para lo cual se requiere de tiempo. Precisamente, la posesión que más anhela el personal sanitario es el tiempo»[30].

Otro ejemplo emblemático, en la dimensión de manejo de las relaciones y cohesión social es la cultura japonesa, cuyos procesos están orientados al grupo y a lo común.

Dentro de la cultura del trabajo, *Ikigai* es una filosofía japonesa que se centra en sentir que el trabajo hace una diferencia en la en la vida de las personas. Es un modo de darle sentido a una actividad que ocupa la mayor parte del tiempo de los adultos en ese país. Es una perspectiva motivadora del trabajo, que anima a los empleados a hacer su contribución personal llevando a cabo tareas que afectan positivamente el bienestar de los demás.

Otra tradición japonesa, en este sentido, es el **Omiyahe** que es una manera de compartir y estrechar relaciones personales. Cuando un trabajador sale de vacaciones, le lleva un recuerdo o un presente a sus compañeros de trabajo. Normalmente se trata de algún alimento o snack típico del lugar que ha visitado[31].

En definitiva, tener conciencia de la importancia de la *Inteligencia Emocional*, y sus dimensiones, nos permitirá alcanzar el éxito. La *automotivación* es otro aliado fundamental para lograr los

---

30 https://es.weforum.org/agenda/2017/09/
la-inteligencia-emocional-sera-la-base-del-exito-laboral-en-el-futuro/

objetivos, cambiar hábitos y fortalecer las capacidades de liderazgo, mejorar la influencia positiva con nuestro entorno personal y laboral y gestionarnos mejor.

Aurelia vivía en Mürzzuschlag, un pueblito en Austria. Enviudó muy jovencita, en pleno auge del Tercer Reich, a escasos ocho meses de su boda. Sola y viuda, Aurelia trabajaba como secretaria en la alcaldía. Una vez vio a un guapísimo y atlético policía de la zona, Gustav, a través de su ventana; desde ese día, estuvo al tanto de sus turnos para asegurarse de estar en su puesto y deleitarse con su vista.

Gustav no dejó de notarla, y entre conversaciones y golosinas a través de la ventana, se enamoraron y terminaron casándose, ella de veintitrés años y Gustav de treinta y ocho. Luego de la caída de Hitler, Austria ocupada por los aliados, Gustav fue transferido a Thal, en Styria, y se instaló con su joven esposa en una casa en el campo. Ahí nacieron sus dos hijos Meinhard y Arnold.

Aurelia se encargaba de la casa como una generala, aunque era amorosa y atenta con su marido y sus niños, manteniendo una limpieza y orden absolutos y administrando hábilmente las finanzas del hogar. Gustav tenía talento musical, tocaba varios instrumentos de viento y dirigía la banda del cuerpo policial. Era especialmente cariñoso con Aurelia, pasando tiempo juntos, tomándola de la mano, palmeando su trasero y besándola cada vez que le pasaba por al lado, y también amaba entrañablemente a sus hijos. Sin embargo, les daba una buena zurra si se portaban mal, siendo estrictísimo en sus rutinas diarias. Vivían con lo necesario, sin agua corriente ni baño dentro de casa.

Había una letrina afuera para el uso de la familia, y el pozo de agua potable más cercano se encontraba a un cuarto de milla, al que debían ir por turnos los niños sin importar la inclemencia de las estaciones. Usualmente los viernes después del trabajo, Gustav compartía tragos con el cura del pueblo y el director de la escuela; esas madrugadas regresaba a su casa bastante bebido y de mal talante, gritándole a su esposa y atemorizando a sus hijos. Flores, carantoñas y regalos eran típicos al día siguiente buscando reivindicación. Meinhard y Arnold veían eso como algo normal de las familias.

El deporte era parte de la rutina de Meinhard y Arnold quienes, como la mayoría de los hermanos, eran muy competitivos, tanto en el fútbol como en lograr la atención plena de su padre. Meinhard, según Arnold lo recuerda, era el común ganador en estas lides. Arnold se sintió dejado de lado más de una vez, lo que le producía emociones negativas, pero, a la vez, lo estimulaba a fortalecerse y brillar.

Su actividad física bañaba su cerebro de neurotransmisores que estimulan actitudes positivas, optimistas y emprendedoras. Es así como logró su sueño de llegar a América, y destacarse con mucho empeño, claridad en sus propósitos y constancia, en el fisicoculturismo que lo hizo Mr. Universe, en una fructífera carrera cinematográfica y hasta en la vida política. ¡Llegó a ser hasta gobernador de California! Desde ese cargo desarrolló importantes proyectos que propiciaron un estilo de vida más saludable y activo entre los ciudadanos.

Hoy, a sus setenta bien llevados años, goza de un matrimonio estable, es un padre dedicado que también se hizo cargo de sus sobrinos luego de la trágica muerte de su hermano Meinhard y es benefactor de diversas causas humanitarias. Arnold Schwarzenegger decidió no dejarse amedrentar por sus emociones negativas adquiridas en su infancia por la negligencia afectiva de sus padres, que al menos él percibía, sino que a través de una innata inteligencia emocional las aceptó y las transformó para fortalecerse en todos los aspectos, construyendo un cuerpo perfecto y una mente clara y productiva.

En resumen, para integrar la neuroemoción a nuestros objetivos y lograr un estado emocional de bienestar:

- Podemos modificar nuestro condicionamiento emocional y lograr un cambio de comportamiento en nuestra cotidianidad.

- Debemos aprender a desarrollar independencia emocional y un estado de conciencia positivo.

- Recordar siempre que las emociones son el máximo recurso con el que contamos. Inciden de manera significativa en nuestro estado de excelencia.

- Desde la química del cerebro, podemos hacer una lista de actividades diarias como: agradecer-dar y ayudar e implementar RAKS para elevar nuestro estado emocional.

- Desde la fisiología, podemos alinear cuerpo y mente y mostrar una corporalidad de apertura. Practicar la atención plena también es una técnica muy efectiva para respirar mejor y alcanzar la relajación. Recordemos que respirar a medias es vivir a medias.

- La motivación es una fuente de energía que nos da determinación para lograr nuestras metas.

- En la búsqueda del equilibrio emocional, tenemos la potestad de decidir. La realidad es que somos capaces de influir en nuestro estado de ánimo y de dominar nuestros sentimientos y reacciones.

- Observando el estado emocional que predomina en nuestra vida, con los pensamientos, palabras y acciones que repetimos continuamente, será posible identificar cuáles son nuestras fortalezas y cuáles las debilidades a mejorar.

- Los estados emocionales de alto desempeño están asociados con lo que algunos han descrito figurativamente como el cuarteto de la felicidad: dopamina, endorfinas, oxitocina y serotonina. Podemos aprender a balancearlos de forma natural.

¿CÓMO DESARROLLAR LA ALTA COMPETENCIA?

- La energía es la eficacia, poder y virtud para obrar. A través de nuestras acciones podemos transformar el entorno, rendir a la máxima potencia y centrarnos en soluciones.

- Existen cuatro patrones mentales que nos pueden ayudar a conducir la energía hacia el logro de diferentes objetivos.

- Ser productivos implica fijarse en la meta y no en los obstáculos. Adoptar una actitud positiva y buscar entornos que sumen a nuestra energía son dos excelentes herramientas para sortear los conflictos y ganar mayor motivación.

- En cualquier momento de nuestra vida, sin importar la edad, tenemos la opción de adoptar nuevos hábitos saludables.

- Las gratificaciones extrínsecas ya no son el recurso más efectivo para impulsar a las personas a trabajar. En la actualidad, son más efectivas para potenciar la productividad de una empresa. Es la llamada motivación 3.0.

- Los motores de la motivación 3.0 son la autonomía, maestría y propósito. Hacerlas parte de un ecosistema laboral equilibraría y provocaría grandes mejoras en el rendimiento de un negocio.

- La atención es la base del aprendizaje y es un factor de éxito a corto, mediano y largo plazo. Para desarrollar esta capacidad, un método efectivo es el mindfulness que nos ayuda a entrenar la mente.

- Gracias a la Inteligencia Emocional podemos maximizar las habilidades personales, manejar mejor nuestras propias emociones y la relación con los demás.

- La conciencia de uno mismo, gestionarse, la empatía y aprender a manejar bien las relaciones son las 4 dimensiones de la Inteligencia Emocional. Estas, a su vez, abarcan competencias y habilidades esenciales.

Escribe 3 acciones concretas y observables que puedas aplicar a tu día a día a partir de lo que has aprendido en este capítulo. Acciones que te llevarán a avanzar y que van a generar un impacto en esta dimensión:

1._____

_____

_____

_____

_____

2._____

_____

_____

_____

_____

3._____

_____

_____

_____

_____

Capítulo IV
Ve directo a la acción

1. Gestión del tiempo: ¿cómo multiplicarlo haciendo cálculos significativos?

Uno de los grandes retos cuando queremos ejecutar tareas y nuestros planes de acción es la gestión del tiempo. En realidad hay un paradigma con que la gestión del tiempo no existe.

El tiempo avanza. No lo podemos gestionar, nos guste o no, no podemos añadirle segundos, minutos ni horas al día. El tiempo es lo que es. Lo que sí podemos gestionar es cómo nosotros nos comportamos frente a ese tiempo y cómo nos gestionamos a nosotros mismos, porque para todos es el mismo tiempo. Son las mismas 24 horas, 1.440 minutos y los mismos 86.400 segundos para todos.

La teoría de la gestión del tiempo inició hace mucho tiempo, a fines de la década de los 60's con la *Revolución Industrial* cuando se pensaba que el tiempo era unidimensional y basado en la eficiencia. Fueron los inicios del desarrollo de herramientas tecnológicas que nos ayudarán a hacer todo más rápido.

Ya en la década de los 80's el doctor Stephen Covey con la *matriz de Eisenhower* que califica nuestros tareas de acuerdo a su importancia y su urgencia. En el eje de las «*X*» están las urgencias y en el eje «*Y*» están las tareas importantes. Ese sistema califica la tarea de acuerdo a un puntaje y permite priorizar, como una forma de enfocarnos en lo que es más importante.

Esta matriz del tiempo es la que se ha utilizado en los últimos 30 años en el mundo empresarial u organizacional. Sí ha ayudado en organizar nuestras prioridades y enfocarnos en lo más importante. Lo que no nos ha dado es más tiempo. Nos sigue faltando tiempo.

Ante ese reto tan grande, aparecen una nueva clase de pensadores a quienes Rory Vaden, especialista en la administración del tiempo, se refiere como multiplicadores de tiempo. Lo que utilizan ellos es el pensamiento tridimensional. Ellos lo que hacen es añadir una tercera variable basada en el significado que llaman *cálculo significativo*, que se traduce en,

¿cuánto tiempo va a importar una tarea?

La pregunta de un multiplicador de tiempo es: *¿qué es lo más importante que puedo hacer hoy y que mañana hará que yo tenga más tiempo o que mañana hará que yo haga cierta tarea mucho más rápido?*La herramienta consiste en multiplicar el tiempo buscando un cálculo significativo, haciendo cosas hoy que nos darán más tiempo mañana.

 ## De la teoría a la práctica

Multiplicación del tiempo en 4 pasos:

ELIMINAR

De toda la lista de tareas por hacer que tengo hoy, ¿qué puedo eliminar? Si descarto cosas improductivas de mi quehacer diario, entonces multiplicaré mi tiempo. Es como si nos diéramos el permiso de ignorar cosas que nos quitan tiempo y nos impiden cumplir con nuestros objetivos. Entonces podríamos aplicar la máxima de:

«A todo lo que le decimos que NO hoy, creará más tiempo en nosotros mañana».

O dicho de otro modo: a todo lo que le decimos que SÍ hoy, nos está quitando tiempo para una infinidad de cosas que son más productivas para nosotros y para nuestros objetivos.

AUTOMATIZAR

Si yo no puedo eliminar esta tarea, ¿cómo la puedo automatizar?

Cualquier cosa que cree un proceso hoy, me va a ahorrar más tiempo mañana. Un ejemplo de ello son las cuentas programadas para pagos por internet. Si yo hoy me siento a programas mis pagos y a inscribir mis cuentas desde la página web de mi banco seguramente me voy a tardar una o dos horas. Quizá podría decir, ¿y para qué voy a hacer eso, si cada vez yo me demoro 30 minutos pagando? La realidad es que si hago un cálculo significativo e invierto esas horas hoy, en cuatro meses ya habré tenido un retorno por tiempo invertido. Ya no tendré que sentarme mes a mes 30 minutos para hacer esa tarea gracias a la automatización o programación de procesos. Simplemente, desaparece esa tarea de mi lista de actividades mensuales.

La invitación entonces es a preguntarnos:

¿Qué procesos puedo hacer yo hoy, que me van a ahorrar más tiempo mañana?

DELEGAR

¿Puedo enseñarle a alguien cómo hacer esta tarea? ¿A quién puedo yo enseñarle a hacer esta tarea?

Para delegar es importante que nos cercioremos de que la persona quien va a realizar la función tiene los recursos (tiempo, herramientas, entre otros), habilidades y capacidades necesarias para ejecutar la acción, ya que lo que delegamos son funciones o acciones, no responsabilidades, esas siguen siendo nuestras.

CONCENTRARSE

Si pasamos la tarea por los tres filtros previos y sigue presente, lo que debemos hacer es concentrarnos y llevarla a cabo con el mayor foco posible.

Al pasar nuestra lista de tareas por estos filtros, nos daremos cuenta que se multiplicará nuestro tiempo, estaremos más organizados y crearemos más tiempo para estratégicos en el cumplimiento de nuestros objetivos. Sin duda, se reducirán los niveles de estrés pues pareciera que todo se basa en la falta de ejecución y en la excusa habitual en el campo empresarial de no hice esto porque no tuve tiempo.

> *Era hora de cenar en Madras, años cincuenta. En la mesa de la familia Krishnamurthy había fuentes con arroz basmati al vapor, palak paneer, cordero en salsa de yogur y cardamomo, y una cestita con naans calientes. La conversación familiar en tamil*

podía llegar a ser hasta más rica que la comida de cada noche. Indra y Chandrika, de ocho y once años, tenían un ritual especial con su madre; durante la cena, las niñas debían pensar en un discurso que explicara qué querrían hacer si fueran presidentas, primeras ministras, entre otros.

Cada noche tenían esa oportunidad de visualizarse como líderes mundiales y, al terminar de cenar, cada una daba su discurso, y entonces su madre decidiría por cuál de ellas votar. Llegó una edad en la que a las chicas ya no les hacía tanta gracia el hábito, pero esa costumbre materna les sirvió para jamás dudar que podían hacer y ser lo que ellas quisieran, aun siendo mujeres en una sociedad tan conservadora y machista como la de la India.

Indra Nooyi –tomó el apellido de su esposo, Raj– fue presidenta y directora ejecutiva de PepsiCo, y ha sido tan capaz de hacer y ser lo que quisiera, que aumentó las ventas en un 80 % durante sus doce años de gestión.

PepsiCo nunca había tenido a la cabeza a una mujer y, muchísimo menos, extranjera. Indra trabajaba largas horas, viajaba, estaba tan pendiente de sus empleados que una vez escribió cartas a los padres de estos agradeciéndoles el regalo que eran sus hijos para la empresa. Pero una noche, la noche que fue nombrada presidenta, llegó a su casa para darle la noticia a su familia; su madre la esperaba en el garaje y, antes de que Indra pudiera articular palabra, le ordenó que fuera a comprar leche. Hija obediente al fin, típico de su cultura natal, Indra fue y compró leche, pero fue indignada porque su marido o las empleadas domésticas podían haber hecho la compra antes que ella llegara cansada del trabajo. Al volver y reclamarle a su madre tamaña desconsideración, recibió la siguiente respuesta:

«Déjame explicarte algo. Tú podrás ser la presidenta de PepsiCo. Podrás estar en la Junta Directiva. Pero cuando entras en esta casa, eres la esposa, la hija, la nuera, la madre. Eres todo

eso. Nadie puede tomar ese lugar. Así que deja la maldita corona en el garaje y no la metas en la casa. Tú sabes que yo jamás he visto esa corona»[32]

El reto de Indra Nooyi no era estar al frente de un monstruo de empresa, tampoco lo era dirigir a miles y miles de empleados alrededor del mundo, ni manejar cuentas millonarias. Ella sabía desde pequeña que podía hacer y ser lo que ella quisiera. El mayor reto de Indra Nooyi era el manejo del tiempo. ¿Cómo ser una de las mujeres empresarias más poderosas del mundo, y a la vez la esposa, la madre, la nuera y la hija? Indra tuvo que tomar decisiones para organizarse y ser todo a la vez porque, como bien había dicho su madre, nadie podría tomar ese lugar.

Entre sus decisiones estaba eliminar las funciones que no fueran realmente necesarias para poder utilizar ese tiempo ahorrado en las prioritarias. Aprendió a delegar deberes, así que diseñó un sistema con sus empleados más cercanos que los volvió, por decirlo de alguna manera, su familia extendida. Indra y su marido volvieron al resto de su familia una plataforma de ayuda para que a sus hijas no les faltara ni atención, ni presencia, ni afecto.

Hoy en día ya no dirige PepsiCo, pero es una gran asesora para esa y otras muchas corporaciones; reside con su marido en Connecticut y nunca dejó de ser la esposa, la hija, la nuera, la madre. Al final, Indra ha confirmado el resultado del ejercicio que hacían ella y su hermana con su madre años atrás en su casa de Madras: podía ser y hacer lo que ella quisiera.

2. Técnica modelaje de patrones de excelencia

Una de las técnicas de *Programación Neurolingüística* que más nos aportan a la hora de desarrollar una habilidad o

---

32 https://www.businessinsider.com/pepsico-ceo-women-cant-have-it-all-2014-7?IR=T

destreza es el modelaje de patrones de excelencia.

Se centra en cómo podemos replicar en nuestra mente, cuerpo y conducta patrones de éxito que ya le han funcionado a otras personas y que, aplicados con determinación y frecuencia, producen resultados superiores y alto desempeño.

 De la teoría a la práctica

El paso a paso de esta técnica:

- **Elige la persona o modelo a seguir:** debe ser un experto en tu área, alguien de tu entorno o un desconocido que ya esté logrando lo que tú quieres. Como observación, te sugiero que sólo te enfoques en los patrones de éxito de esa persona. En lo que te interesa aprender y no te sesgues por lo que piense o haga en otros ámbitos que quizá tú no compartas.

- **Analiza sus patrones de comportamiento y fisiología:** Debes hacerte y te pueden ayudar:

  - **¿Qué hace?**

  - **¿Cómo lo hace?**

  - **¿Dónde lo hace?**

  - **¿Cuándo lo hace?**

Si es una persona conocida, indaga sobre sus creencias respecto a ese tema de interés.

- **Documenta todo lo analizado:** estrategias, acciones de la persona, frases que dice al respecto, entre otros.

- **Adapta esas estrategias y acciones a tu propio estilo y empieza a replicarlas.**

Revisa cada semana qué resultados estás obteniendo y evalúa la puesta en marcha de las acciones. **Practica, practica y practica** hasta que ya estés satisfecho con el resultado.

ILENE DAZA

«1... 2... 3... *Potentes misiles atraviesan el cielo europeo a velocidad supersónica; sin provocar ruido al aproximarse, caen inadvertidos sobre Bélgica e Inglaterra. Cualquier recurso de defensa ha perdido su eficacia ante el abrupto impacto. Una nube de escombros se levanta, mientras que el enemigo clama victoria enarbolando su bandera tricolor».*

Las fuerzas armadas de Alemania mostraban sus afilados colmillos bajo el intimidante contexto de la Segunda Guerra Mundial. Después de un contundente golpe al adversario, Adolfo Hitler ordenó la producción masiva de su nueva arma letal: el cohete V2. En la planta de fabricación Mittelwerk, prisioneros de los campos de concentración obedecían la voluntad del temido Führer, en ocasiones supervisados por el ingeniero Wernher Von Braun.

Von Braun prefería acatar las imperativas exigencias del líder nazi. Cumpliendo sus instrucciones, diseñó el proyectil que miles de trabajadores forzosos se vieron en la necesidad de construir a gran escala. Sin embargo, pese al enorme aparataje tecnológico y las conquistas logradas por el ejército al que prestaba sus servicios, el creador del poderoso V2 percibió en 1945 la derrota de Alemania frente a los países Aliados (encabezados por Estados Unidos, la Unión Consideraba necesario planificar su futuro con mirada estratégica para resguardar su vida y continuar desarrollando avances en el área que realmente le interesaba: viajes interplanetarios.

Wernher preparó su rendición al tiempo que las fuerzas estadounidenses desarrollaban la «Operación Paperclip», cuyo propósito era reclutar científicos alemanes para que cooperaran con el bando aliado a cambio de eximir sus culposos crímenes al servicio nazi. Eligió aferrarse a esta opción, y durante los próximos 15 años se estableció entre Texas y Alabama para trabajar en el desarrollo de misiles balísticos.

El 14 de abril de 1955, obtuvo la nacionalidad norteamericana; para la fecha, se había convertido en un personaje admirado por la opinión pública. Utilizó las mismas bases teóricas del cohete V2 para elaborar otros mecanismos que han sido claves para el progreso de la ingeniería aeroespacial. En otras palabras, remodeló sus ideas para actuar constructrivamente a la orden del progreso.

«3… 2… 1… El cohete Saturno V, diseñado por el ingeniero Wernher Von Braun en el Centro de Vuelo Espacial Marshall, se convierte en un éxito técnico. Proyecta al espacio una nave que ha sido denominada con el nombre Apolo 4. Destino: la Luna. Finalmente, el equipo de la NASA confirma la llegada del vehículo no tripulado. 9 de noviembre de 1967, la humanidad triunfa. El mundo celebra».

3. La ley de los promedios: inténtalo cuantas veces sea necesario

La ley de los promedios es inmutable, existe y funciona. Fue creada por Jim Rohny quien advierte que una, dos o tres acciones no son suficientes para alcanzar un objetivo o lograr algo. Es necesario incrementar la cantidad de ensayos, propuestas, acciones e ideas para lograr eso que queremos.

Aumentar tus intentos te lleva a lograr el resultado deseado.

Cuando revisamos la biografía de personas exitosas, es muy frecuente encontrar que gran parte de su vida la dedicaron a ensayar, intentar, a volver a hacer, repetir… hasta que esos grandes genios obtuvieron lo que se habían propuesto.

Estos testimonios están a lo largo de la historia y en el presente también lo vemos evidenciado en los grandes deportistas, cantantes, personas de negocio que actúan sin importar cuántas fallas, fracasos o errores cometan. Ellos lo siguen intentando de diversas maneras, con múltiples acciones, lo que posibilita la excelencia en la gestión y en su área.

Esta ley consiste en estar alerta a todas las oportunidades que hay en el entorno, relacionadas con nuestro propósito. Propone hacer planes de acción masiva en vez planes de acción binarios. Por ejemplo, ante un determinado reto, más que decir tengo un plan «A» y tengo un plan «B», de lo que se trata es de advertir que tengo los planes que sean necesarios hasta lograr mi objetivo.

Si no funciona el plan «A» pues sigo el «B», y ¿si no funciona? entonces sigo el «C», y así sucesivamente. Se trata de comprometerse con el objetivo a tal punto que al tener esas múltiples acciones, una o alguna de ellas, por la ley de promedios, nos va a dar eso que estamos buscando. Esta ley afirma que:

> «A mayor energía puesta en tu trabajo, negocio u objetivo, mayor será la recompensa que obtendrás y ésta energía está dada por múltiples acciones».

> Se acomoda en su posición de espectador de los detalles de la vida cotidiana. Observa con atención cada color, cada curva, cada línea, cada gesto, y concientiza la plasticidad y flexibilidad del volumen real de la vida. A sus escasos cuatro años, en una casa blanca de zócalos verdes en Medellín, recibió de manos de su padre un perrito, y luego de un rato recibió la noticia que su papá acababa de morir de un ataque al corazón en el medio del patio.

> Criado por su madre y su abuela en esa casa del barrio Boston, estudió desde los libros de primaria hasta la arena en donde uno de sus tíos intentó hacerlo torero. Rechazando esta vocación, mantuvo la tauromaquia como tema recurrente en su producción artística de los años por venir.

> Toreros, gatos, amantes, comensales, políticos, obispos muertos, políticos, bailaoras y naturalezas muertas componen su percepción del mundo. Fernando Botero no pinta gorduras, sino que

manifiesta la realidad de que el volumen existe y a veces no deja ni siquiera espacio para respirar en esa línea que no existe entre los elementos del mundo real.

La naturaleza de su fijación a estos detalles estéticos no fue siempre apreciada. En su breve período de educación artística formal, su manera de ver y plasmar la vida en los lienzos fue considerada vulgar y obscena, pesada en las conciencias, verdades ásperas a la vista. Su admiración por maestros como Da Vinci, Van Eyck, Velázquez y Goya fue clave, y se ve claramente representada en su propia versión de distintas obras de estos artistas y, en muchas otras, se representa a él mismo, vestido anacrónicamente en muchas ocasiones, como el testigo irrefutable de lo que quiere mostrarle a su público.

Repitió historias ya conocidas, pero dándoles el toque único de su percepción, al igual que Picasso pintó al mundo tal cual era antes de desfragmentarlo, o un hábil cocinero ensayó una y mis veces los platos más conocidos antes de agregarle su ingrediente más especial; sus obras, las de Botero, se repiten y existen en series de muchos cuadros y esculturas, llegando a treinta y hasta cuarenta. Lejos de considerarse plagios, las obras de Botero inspiradas en los trazos de otros son completas reconstrucciones que transmiten una realidad distinta y traducen en sus colores y volumetría su propio sentimiento frente a como él mismo ve el mundo.

No nació en noble cuna, aunque sí en una decente y respetable. Fue expulsado de la escuela por la vulgaridad de sus garabatos y bosquejos infantiles, pintados con la caja de colores que le regaló su hermano. Alcanza Europa y sus diversas técnicas gracias a un premio que ganó en el IX Salón Nacional de Artistas exponiendo su propia visión en el óleo Frente al mar.

Hoy continúa con su atención a ese detalle

del volumen que ya no tantos perciben como morbosa obesidad; después de mucha repetición y práctica de técnicas ajenas que admira y las suyas propias, ya se entiende y se aplaude su manera de valorar el espacio y el poco aire entre los elementos que le dan peso y significado a cada escena, a cada costumbre, a cada imagen que se nos puede cruzar por la vida, como un gato de pelaje lustros en cualquier parque del mundo, o en la piel imperfecta y curvas perfectas de un amante en la desnudez que puede albergar nuestra cama, o las castañuelas vivas que rodean un vestido rojo y ajustado.

4. Genera tus indicadores propios de desarrollo

Estos indicadores son la forma de medir tu dinámica de desarrollo y te van a permitir valorar y evaluar tus avances en el proceso y resultados.

Establece qué comportamientos observables te van a representar tu nivel de cambio en función de la alta competencia que estás trabajando.

 ## De la teoría a la práctica

Ejemplos de competencias a trabajar y sus respectivos comportamientos observables

- **Comunicación efectiva con mi entorno:**

    - *Escucha activa: dejo a los demás terminar lo que están diciendo.*

    - *Doy la información completa: no elimino y no generalizo.*

    - *Confirmo que lo dicho haya sido entendido por mi interlocutor.*

- **Hablar en público:**

- *Hago contacto visual con mi auditorio.*
- *Tengo macro gestos de apertura y seguridad.*
- *Mantengo la atención del auditorio.*

5. Anticípate a las crisis

Alcanzar los objetivos y lograr la maestría en el área de experticia requiere de planificación, manejo adecuado del tiempo, constancia y persistencia. La intuición y la anticipación también son otros elementos primordiales cuando somos conscientes de los desequilibrios y de resultados que no son tan satisfactorios como pensamos o quisiéramos.

Es justo en esos momentos cuando debemos hacer *movimientos inteligentes,* cambios a tiempo con el fin de anticiparnos antes de que llegue la crisis, en vez de actuar cuando la situación ya es inevitable.

¡No esperes a que haya un punto de quiebre para tomar decisiones asertivas!

¿Cómo actuar ante las señales de alerta?

Según la RAE, las crisis son un cambio profundo y de consecuencias importantes en un proceso o en una situación, incluso en la manera en que estos son apreciados. En el tema que nos ocupa, el alto desempeño, nos referimos entonces a las dificultades e incertidumbres que presagian el fracaso de nuestros objetivos.

Para evitar que sea demasiado tarde para corregir el error, hazte las siguientes preguntas:

- *¿Cómo te ves cuando hayas desarrollado la alta competencia?*
- *¿Cuál es el costo asociado de este movimiento inteligente?*
- *¿Qué debes tener en cuenta en el punto donde te encuentras?*

- *¿Cuál es el costo en tiempo?*

- *¿Cuento con los recursos necesarios?*

- *Emocionalmente, ¿estoy alineado con mis objetivos?*

¡Declara tu visión!

Conociendo cuál es tu situación ante las señales de alerta, podrás corregir comportamientos, redefinir estrategias y tomar acciones para prevenir cualquier situación.

De la teoría a la práctica

¿Cómo hacer un plan de acción?

La acción es la posibilidad de hacer o de concluir exitosamente un proyecto. Elaborar un listado detallado de cómo lograr este propósito, requiere de una estrategia en la que se determinen metas, tiempos de ejecución y recursos para ello.

Una manera práctica consiste en realizar un esquema que precise el qué, cómo, cuándo, dónde, quiénes y para qué; con respecto a la consecución de los objetivos, bien sean de índole personal o laboral.

- **¿Qué?:** *es la estrategia, meta u objetivo.*

- **¿Cómo?:** *son los caminos y formas de llegar.*

- **¿Cuándo?:** *precisa tiempos y fechas límites.*

- **¿Dónde?:** *es el espacio físico o virtual, se refiere al entorno.*

- **¿Quiénes?:** *es saber si necesito contar con alguien más para lograr mi objetivo.*

- **¿Para qué?:** *es el propósito al que obedece la estrategia.*

- **¿Con qué recursos cuento?:** *son las herramientas*

específicas que debo utilizar.

El esquema paso a paso

Con la hoja de ruta definida ya sólo será cuestión de disciplina, automotivación y actitud positiva lograr los retos. El plan de acción tiene la ventaja de evaluar si se están cumpliendo con el paso a paso y saber qué necesitas para avanzar sin tropiezos. Requiere de:

- **Lluvia de ideas:** *partiendo de la intención de querer lograr una meta, esta herramienta de trabajo busca imaginar y generar nuevo conocimiento frente a un tema determinado. Es importante procurar un ambiente relajado que favorezca la creatividad para que surjan los mejores pensamientos.*

  Si es un reto laboral, se recomienda hacer el ejercicio en equipo, observar la competencia, conocer las limitaciones y conectar frases o palabras que surjan como resultado de este ensayo.

  Si es un objetivo personal, puedes compartir tu lluvia de ideas con alguien que te pueda dar un feedback o una retroalimentación.

- **Define tu meta:** *Estas preguntas, marcarán el rumbo, definirán el para qué de la acción, hacia dónde se va y en cuánto tiempo:*

  - *¿Cuál es el fin de las acciones o deseos que quieres lograr?*

  - *¿A dónde quieres llegar con tu plan de acción?*

- **Marca la diferencia:** *si se trata de un proyecto personal, la recomendación es darle un estilo único, caracterizado por un alto desempeño con los atributos propios de tu personalidad.*

  Si es un objetivo laboral, se debe conocer exhaustivamente al cliente, ya sea interno (pares, jefes, colaboradores) o externo, para brindarle un método a la medida y soluciones acordes a sus necesidades.

Este será el valor añadido para tomar ventaja frente a la competencia.

- **Recursos disponibles:** *Despejar estas dudas, te permitirá tener claridad sobre lo que necesitas y lo que debes hacer para conseguirlo. Es fundamental saber:*

  - *¿Qué necesitas para desarrollar tu idea?*

  - *¿A quién puedes recurrir?*

  - *¿Cuáles son esos elementos con los que ya cuentas para resolver una necesidad o llevar a cabo la meta?*

- **Objetivos medibles y organizados por preferencia:** *la meta general requiere precisar objetivos, los cuales deben ser medibles, alcanzables, realistas y acotados en tiempo.*

  Es lo que se conoce como objetivos SMART y cada cierto tiempo deben ser evaluados para mantener o modificar la estrategia. Se le debe dar primacía a los objetivos; priorizarlos y organizarlos según corto, mediano y largo plazo.

- **Cronograma y ejecución del plan de acción:** *clave, asignar tiempos y fechas límites de cumplimiento para cada tarea. La evolución del plan se evidenciará en este paso. Gráficamente, se puede visualizar el alcance de lo ya definido con fechas de inicio y fin de una actividad.*

  Si es una meta en tu entorno profesional se recomienda asignar responsables para alinear el proceso. Una vez ejecutado el plan de acción, es válido analizar y modificar aquello que no funcione.

- **Evaluación:** *puede ser acotada a períodos de tiempo: revisión mensual, trimestral o anual, de ser el caso. Con la evidencia de resultados en tiempos definidos, se podrá estimar o reorganizar la estrategia de ser necesario.*

¿CÓMO DESARROLLAR LA ALTA COMPETENCIA?

(*) Ver anexo 1.

La Carta Gantt: un diagrama para la acción

Una herramienta para cumplir con el plan de acción es el diagrama de Gantt o también conocido como la *Carta Gantt*. Tiene como objetivo visualizar gráficamente las tareas previstas en un tiempo determinado.

Es un método muy eficaz para planificar, programar actividades y hacerle seguimiento a las mismas. Para ello, se dibuja una tabla con filas y columnas; en el eje vertical, se establecen las acciones a cumplir y en el eje horizontal se indica el período de tiempo.

Se pueden agregar las columnas y filas que se estimen convenientes, especificando tareas de forma detallada para la exitosa gestión de un proyecto.

(*) Ver anexo 2.

Not to do list

La importancia de planificar y de ajustar las acciones a objetivos y tiempos definidos es sinónimo de éxito. Sin embargo, además de las listas de lo que hay que hacer es muy importante elaborar una lista de lo que ¡**NO** hay que hacer!

Eliminar de nuestro día a día rutinas innecesarias nos ayudará a completar nuestras prioridades de una forma más efectiva y nos permitirá tener foco en lo realmente importante.

Reconocer e identificar esos *ladrones de tiempo* será crucial en nuestro plan de acción. Desde que iniciamos el día, tenemos cantidades de estímulos visuales, auditivos y tecnológicos que nos distraen. Por eso, saber lo que **NO** vamos a hacer, sin duda ampliará el espacio creativo tanto en nuestra mente como en nuestras acciones diarias.

> *«La vida no solo se trata de lógica, números y códigos», le decía una madre amorosa a su brillante hijo. Quizás Bonnie advertía el prolífico futuro de Travis en el mundo de la tecnología, por*

eso se esmeró en educarlo con aleccionadoras frases sobre empatía, que le impulsaron a cultivar su lado humano.

Desde pequeño pasaba horas frente al computador, y aunque pronto dominó muy bien el arte de programar, su interés se fue dirigiendo hacia el lenguaje de los negocios. Más que seguir el protocolo universitario para recibir un título como ingeniero informático, siguió los pasos de su madre con la característica visión aguda de un líder. Creció trabajando con ella, de puerta en puerta, promocionando una marca de cuchillos; mientras tanto, el repetitivo ejercicio iba afilando su lengua con la retórica propia de un vendedor profesional. A los 18 años, ya estaba listo para iniciar su primer proyecto empresarial.

Arriesgar. Kalanick aprendió en carne propia, y desde muy temprano, el significado de esta palabra. Pagó un alto precio cuando en el año 2000 se declaró en bancarrota, entregó la mayoría de sus bienes y tuvo que enfrentarse a múltiples disputas en tribunales, luego de invertir en un emprendimiento poco explorado cuyo marco legal apenas comenzaba a delimitarse. Todas estas experiencias fueron sumando al diccionario empírico de su vida términos que adquirían un sentido más pragmático: estudio, visión, experiencia, arriesgar, crisis. Se valió de estos conceptos para reconstruir su carrera profesional en un espacio de aprendizaje que le permitía desarrollar con mayor alcance esa mirada acuciosa capaz de encontrar soluciones frente a cada problema identificado.

En 2008, Travis conoció a su futuro socio, Garrett. Ese mismo año decidieron viajar a un evento de tecnología en París. El dúo puso a prueba su capacidad resolutiva. La sinergia se dio de forma natural. Problema: no podían conseguir un medio de transporte para trasladarse de un lugar a otro en la capital de un país desarrollado (en pleno siglo XXI). Solución: "Uber", una aplicación que permitiera rastrear al conductor más próximo con solo oprimir un botón. Por supuesto, antes de materializar este planteamiento, la idea ha estado sujeta al decisivo factor tiempo. Detractores, regulaciones, terreno desconocido, intereses en conflicto. Afortunadamente, las experiencias pasadas han sido una gran ventaja para Travis, quien ha sabido utilizar sus recursos con astucia para que la rueda no se detenga.

Cuando hablamos de recursos, nos referimos en gran parte a la habilidad de explorar más allá de lo evidente. Kalanick, con su determinada forma de aproximarse a las oportunidades, unió esfuerzos como estrategia para edificar un novedoso mecanismo que ha logrado reinventar el sistema de transporte operando en al menos 65 países.

Los creadores de Uber reconocieron una necesidad global con la lupa del razonamiento. Motivados por su apasionante trabajo, la intuición de una poderosa herramienta los llevó a dibujar en sus mentes un futuro mucho más viable frente al inminente crecimiento de la población mundial. Al permitir que el conocimiento y la imaginación pudieran confluir hacia el mismo norte, lograron anticiparse a una eventual crisis para atajar a tiempo sus posibles consecuencias. Se trata de un movimiento de acción veloz, diligente, que responde a un bien común; una maniobra inteligente que aprecia el valor del tiempo para cambiar el mundo respondiendo al interés de todos.

6. ¡Alcanza tu momento Eureka!

«Yo antes de estudiar el cerebro, tenía 20 años, todavía no me había recibido de médico y pensaba que en algún momento de mi vida iba a tener suerte -porque era yo- e iba a crear una idea genial. No sé si pensaron lo mismo, pero no les va a pasar. A no ser, que cumplan con ciertos procesos que aumenten el chance de que aparezca el momento Eureka»[33].

---

33 https://youtu.be/4ebt-yHf3mY?t=1134

La reflexión la hace el neurocientífico Facundo Manes, co-creador del *Instituto Ineco de Neurología Cognitiva y del Instituto de Neurociencias de la Fundación Faba-Loro*, que asegura que hoy hay un ecosistema muy importante en Argentina para investigar el cerebro, las funciones cognitivas y emocionales y advierte que «*en términos de creatividad, la inspiración es para amateurs*».

Preparación, incubación y cerebro en OFF

El primer proceso es la **preparación**. «*Puede requerir años, en un área o en varias áreas relacionadas con lo que va a ser luego el momento Eureka, el momento Ajá*». Es el momento creativo, entendido como algo novedoso con significado y con sentido. Es necesaria la preparación, pero no es suficiente.

Luego tiene que haber un segundo proceso que es de **incubación**, de pensar obsesivamente un dilema. Esto no quiere decir tener trastorno obsesivo compulsivo, quiere decir que «*los pensamientos obsesivos sobre un tema refrescan las ideas*». Este segundo proceso también es necesario para «*el momento Eureka*», pero tampoco es suficiente.

Otro proceso es **poner el cerebro en OFF, apagado**. Cuando no hacemos nada, el cerebro procesa información en forma organizada. Hay una red cerebral que se llama *default network (reposo) que* procesa información que aprendimos previamente.

Cuando estamos en el colectivo, en el bus, en el taxi, en el avión, durmiendo o entre dormidos, en el sofá, en la cama; pensando en nada, el cerebro trabaja. Por eso es importante aburrirse, no hacer nada, porque el cerebro sigue procesando información.

«*No tenemos que estar todo el tiempo conectados*».

Entrar en ese estado de *flow* es un factor que favorece. Cuando hacemos algo que nos gusta mucho como pintar, cocinar o escribir, sentimos placer y serenidad. «*Es un estado de flow que además aumenta la creatividad y nos da mucho bienestar*».

«Y suele a veces surgir el momento creativo luego del proceso de años de preparación y de incubación –días, horas o semanas- cuando no hacemos nada, cuando estamos durmiendo, entre dormidos surge la resolución del problema o el momento creativo».

Como anécdota y ejemplo, se cuenta que Paul McCartney escribió la melodía de *Yesterday* cuando estaba dormido. Se levantó y la escribió. Este ejemplo, evidencia el proceso referido. Él tenía la preparación porque era músico y, semanas antes a la famosa composición, estaba obsesionado con aquella melodía que no salía. Puso el cerebro en *OFF* y apareció *el momento Eureka.*

Darnos el permiso de equivocarnos y aprender del error es otro de los elementos en juego, pues la familia, la educación y sociedad estigmatizan el error.

«Steve Jobs se equivocó muchas veces antes de las creaciones que hizo. Galileo se equivocó acerca de la velocidad de la luz. Tenemos que equivocarnos. Nadie puede crear algo importante sin haberse equivocado mucho tiempo antes[34]».

El contexto influye en la creatividad personal

Vivir y crear en un ambiente y en un ecosistema positivo influye, sin duda, en nuestra creatividad.

La neurociencia sabe que cuando surge la creatividad hay áreas en el cerebro que previamente no estaban asociadas y se asocian, o que no estaban conectadas y se conectan. Lo cierto es que hay procesos que aumentan la posibilidad de que surja *el momento Eureka* y, sin duda, un gran hallazgo es que todos tenemos el potencial de ser creativos si seguimos un proceso con disciplina y continuidad.

Vivir en piloto automático

El ingenio, un entorno positivo o el potencial creativo – así como otras áreas de nuestra vida – se enfrentan con nuestros prejuicios y con la forma en que decidimos. Como

---

34 https://youtu.be/4ebt-yHf3mY?t=1157

seres humanos, vivimos con el sesgo de ignorar lo que no coincide con lo que pensamos y tomar decisiones emocionales, basadas en aprendizajes y creencias previas.

Al igual que nuestros antepasados de hace 30.000 años, actuamos a partir de un proceso de toma de decisiones rápido, no consciente, intuitivo y no racional.

Constantemente, usamos esta opción como un mecanismo de sobrevivencia, actuando en función de nuestra mirada particular de la realidad. Y ese sesgo, que se construye desde que somos niños, permea la realidad que se ajusta a nuestros pensamientos bien sea para encontrar coincidencias o para ignorar lo que no está alineado con nuestras creencias. Es el peso de las experiencias previas, inconscientes, emocionales que nos hacen vivir en piloto automático.

> *«A veces usamos el sistema lógico, racional, deliberado, analítico. Pero eso requiere energía mental, recursos cognitivos y los recursos cognitivos nuestros son limitados. Así que no podríamos vivir en modo racional»., dice Manes.*

> *«Lo que quiero decir es que el sistema automático nos permite sobrevivir».*

Además de este sistema emocional y del racional, también la gente que nos rodea, los compañeros de trabajo, de estudio, la familia, los amigos, los diarios que leemos, los canales de televisión que miramos, el contexto influye en la manera en que actuamos y decidimos. Por eso, *«para nuestra especie es más importante sobrevivir que la verdad».*

Lo que dice la neurociencia

Lo cierto es que la forma en que tomamos decisiones, incide en la creatividad al igual que el hecho de *pertenecer a una tribu o a un grupo social.*

> *Por ser tribales, «la evidencia no cambia lo que pensamos. Ante una creencia irracional, ignoramos la evidencia y buscamos a otra persona que piense igual que nosotros. Incluso, recordamos mejor las cosas que coinciden con lo que pensamos. Las que no coinciden, las olvidamos más rápido. Si yo pienso algo y me das evidencia de que mi creencia es*

equivocada, yo te voy a cuestionar y me voy a defender porque en el fondo estás criticando mi identidad, mis creencias. No importa tanto la verdad[35]».

Otra de las grandes preguntas de la neurociencia es si existe el libre albedrío, frente a lo cual hay un debate porque muchas veces el contexto decide por nosotros. «*Pensamos que decidimos racionalmente, pero en realidad la decisión fue facilitada por el contexto*».

Lo cierto es que para alcanzar *el momento Eureka* es necesario seguir un proceso de *preparación, incubación y momento en OFF* y también tomar cuenta el conocimiento que aporta la neurociencia sobre cómo funciona nuestro cerebro. Como nos compartamos, decidimos y actuamos.

Las mejores ideas pueden suceder en la ducha, durante una siesta, al momento de preparar desayuno o en mitad de una conversación con los amigos. Jan Koum estaba en el gimnasio cuando pasó frente a él un momento Eureka que, afortunadamente, no dejó escapar. Exhausto por el ejercicio, elevado por las endorfinas y con la mente funcionando a toda máquina, imaginó una nueva forma de comunicarse a través del teléfono inteligente.

Responder las llamadas perdidas no era su opción favorita, así que prefirió buscar por sus propios medios otra alternativa. Él mismo tomaría las riendas del destino para moldearlo de acuerdo al boceto que tenía en su cabeza. Curiosamente, fue muy fácil ponerle nombre a este nuevo proyecto: WhatsApp. En muchos casos, cuesta días o incluso meses resumir en una sola palabra tanta información, pero esta vez el proceso de encontrar un título había sido tan espontáneo, que parecía una mágica revelación del inconsciente. Aunque, sería injusto atribuirle todo ese chispazo de genialidad a la casualidad; el ocurrente hombre estaba acostumbrado a laborar con esfuerzo, y los hábitos también forman parte de una gran idea.

---

35 https://youtu.be/4ebt-yHf3mY?t=2655

La familia de Koum había decidido emigrar de Kiev a California. La situación económica era difícil, pero el espíritu de superación más tarde daría frutos. A los 18 años, el joven ucraniano se inscribió en la Universidad Estatal de San José, mientras trabajaba como probador de seguridad. Después de graduarse, consiguió empleo en la reconocida empresa Yahoo!, donde se cruzó con Brian Acton, quien más tarde se convertiría en co-creador de la aplicación de mensajería instantánea más importante que ha existido hasta ahora.

Lo interesante de WhatsApp es que nunca tuvo el éxito asegurado, de hecho, estuvo a punto de convertirse en un fracaso desde el punto de vista rentable. Meses después de su lanzamiento, los desarrolladores esperaban ansiosos que algún día despegara. Aunque ya se encontraba disponible en la prestigiosa tienda App Store, nadie descargaba o utilizaba el servicio. El emprendimiento estaba en riesgo, cuando Jan y Brian recibieron el apoyo de sus antiguos compañeros de trabajo con una inversión que les permitió seguir adelante; sin embargo, fue gracias a su sólida constancia que el proyecto se mantuvo de pie. La aplicación fue mejorada con un diseño amigable y una interfaz mucho más sencilla, lo cual produjo un crecimiento importante en la cantidad de usuarios.

19 mil millones de dólares. Facebook adquirió WhatsApp por esta cuantiosa suma en 2014. Ese mismo año, Jam Koum apareció en la revista Forbes como uno de los personajes más ricos de Norteamérica. Todo esto se resume en un poderoso refrán: "el que persevera vence". El poder de un Eureka yace en el esfuerzo sostenido de una persona apasionada que ha conseguido lo que se ha propuesto.

En resumen, para ir directo a la acción, obtener resultados superiores y un alto desempeño debemos tener presente que:

- El éxito está dado por las competencias. No por el conocimiento.

- Al gestionar nuestro tiempo, debemos preguntarnos: ¿qué es lo más importante que puedo hacer hoy y que mañana hará que yo tenga más tiempo o que mañana hará que yo haga cierta tarea mucho más rápido?

- La herramienta consiste en multiplicar el tiempo buscando un cálculo significativo, haciendo cosas hoy que nos darán más tiempo mañana.

- La técnica del modelaje de patrones de excelencia, se centra en replicar en nuestra mente, cuerpo y conducta patrones de éxito que ya le han funcionado a otras personas.

- A mayor energía puesta en tu trabajo, negocio u objetivo, mayor será la recompensa que obtendrás y esta energía está dada por múltiples acciones.

- Anticípate a la crisis. Haz movimientos inteligentes y no esperes a que haya un punto de quiebre para tomar decisiones asertivas.

- Un plan de acción define la estrategia para alcanzar las metas, el tiempo de ejecución de las mismas y recursos que se destinarán para ello. Debe precisar el qué, cómo, cuándo, dónde, quiénes y para qué con respecto a la consecución de los objetivos.

- Es muy importante elaborar una lista de lo que NO hay que hacer, es decir, eliminar de nuestro día a día rutinas innecesarias y destinar el tiempo para las prioridades.

- Para alcanzar el momento Eureka es necesario seguir un proceso de preparación, incubación y momento en OFF.

- Vivir y crear en un ecosistema positivo influye en nuestra creatividad.

Escribe 3 acciones concretas y observables que puedas aplicar a tu día a día a partir de lo que has aprendido en este capítulo. Acciones que te llevarán a avanzar y que van a generar un impacto en esta dimensión:

1._____

_____

_____

_____

_____

2._____

_____

_____

_____

_____

3._____

_____

_____

_____

_____

Autoevaluación Final

Para el logro y desarrollo de una alta competencia es necesario partir de una base que nos dé información sobre nosotros mismos y que, a su vez, sea una palanca motivacional en este sentido. Existen tres factores claves que debemos revisar:

- *El primero de ellos es la* **autoconciencia**

- *El segundo es* **el sentido**

- *El tercero es* **el compromiso.**

- **Autoconciencia: Según Daniel Coleman, autor del** *best seller Inteligencia Emocional,* **autoconciencia significa tener un entendimiento de nuestras emociones, fortalezas, debilidades, necesidades, impulsos, valores y metas. Este es un proceso intelectual donde ponemos el foco en nuestro interior.**

Preguntas orientadas a la autoconciencia:

Responder las siguientes preguntas, te van a ayudar a reconocer aspectos importantes para el desarrollo de la alta competencia:

- *¿Cuáles son tus fortalezas en función del desarrollo de esta competencia?*

- *¿Cuáles son tus debilidades o áreas a potenciar en función del desarrollo de esta competencia?*

- *¿En qué área quieres desarrollar una alta competencia?*

- *¿Cuál es la competencia que quieres desarrollar para llevarla a un nivel superior?*

- *Del 1 al 10, ¿Cuál es mi nivel de satisfacción en la competencia que quiero desarrollar?*

- *¿Qué recursos internos debo potenciar para el desarrollo de esta competencia?*

- **El sentido o propósito:** Según la RAE, el sentido *«es el modo particular de enfocar, de entender o de juzgar algo».* en tanto que el propósito es *«el ánimo o intención* *de hacer o de no hacer algo»*. En el tema que nos ocupa, es el significado profundo que le doy a determinada competencia. Es mi, ¿para qué quiero hacer esto?

Preguntas orientadas al sentido:

- *¿Qué significado tiene para mí el poder desarrollar esta competencia?*

- *¿Cuál es mi propósito mayor al desarrollar esta competencia?*

- *¿Para qué quiero desarrollar esta competencia y encontrar un desempeño o resultado superior?*

- *¿De qué forma puedo contribuir a mi entorno si desarrollo esta alta competencia?*

- **El compromiso:** Es un condicionamiento racional que está determinado por la percepción sobre la propuesta de valor y compensación que obtendré por determinado esfuerzo. Es decir, *«hago esto y mi recompensa o ganancia va a ser ésta».*

Preguntas orientadas al compromiso:

- *¿Cuáles de mis valores principales estoy viviendo al desarrollar esta competencia?*

- *¿Cuál será mi proyección profesional si desarrollo esta alta competencia?*

- *¿A escala personal, cómo esto que estoy haciendo incidirá en mi crecimiento o desarrollo?*

- *¿Cuánta autonomía de 0 a 10 me dará desarrollar esta alta competencia?*

Escribe 3 acciones concretas y observables que puedas aplicar a tu día a día a partir de lo que has aprendido en este capítulo. Acciones que te llevarán a avanzar y que van a generar un impacto en tu vida:

1._____

_____

_____

_____

_____

2._____

_____

_____

_____

_____

3._____

_____

_____

_____

_____

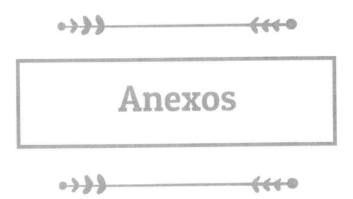

Anexos

Anexo 1

Meta	Objetivos	Sub-objetivos (por orden de prioridad)	¿Qué?	¿Cómo?	¿Cuándo) Ordenar cronológicamente Inicio	Fin	¿Dónde?	¿Quiénes?	¿Para qué?
	1	1.1							
		1.2							
		1.3							
	1	2.1							
		2.2							
		2.3							
	1	3.1							
		3.2							
		3.3							

Fuente: https://marketerosdehoy.com/marketing/pasos-plan-accion/

Anexo 2

¿CÓMO DESARROLLAR LA ALTA COMPETENCIA?

Tareas	Duración	Semana 1				
		L	M	Mi	J	V
Cotizar proveedores	5 días					
Encargar materiales	1 días					
Desarrollar productos	10 días					

NOTA: Se debe hacer por cada semana del proyecto.

Fuente: https://www.crecemujer.cl/capacitacion/quiero-mejorar-mi-negocio/que-es-y-como-construir-una-carta-gantt

ILENE DAZA

Biografía

- CEO de ID International Coaching & Consulting.

- Coach, team coach, especialista en neuroemoción, programación neurolingüística y neuroeciencia.

- Consultora experta en growth management.

- Certificada en micro expresiones faciales y detección de engaño.

- Miembro de la Junta Directiva de la ANCOACH - Asociación Nacional de Coaching de Colombia.

- Ha trabajado en empresas a escala global.

- Formadora en temas de liderazgo, comunicación y desarrollo de competencias ejecutivas.

- Catedrática en el Prime Business School de la Universidad Sergio Arboleda.

- Docente de la Universidad del Norte y Universidad del Rosario en programas de educación superior.

- Instructora de certificaciones internacionales y Business Partner de Human Coaching Network - HCN world.

¿CÓMO DESARROLLAR LA ALTA COMPETENCIA?

- *Ha escrito artículos en los medios periodísticos más importantes de Colombia.*

- *Conferencista certificada por la asociación de conferencistas hispanos y ha sido conferencista invitada a varios congresos internacionales.*

- *Actualmente se dedica a la investigación del funcionamiento de la mente humana, convencida de que todos poseemos un potencial ilimitado y a la enseñanza de teorías y herramientas que apoyen a las personas en el logro de sus objetivos profesionales y personales.*

Made in the
USA
Lexington, KY